국민의 참여가 민주주의를 살린다

**국민의 참여가
민주주의를 살린다**

초판 1쇄 발행 2017년 6월 30일

지은이 윤종빈·정수현 외 | 미래정치연구소 편

펴낸이 김선기

펴낸곳 (주)푸른길

출판등록 1996년 4월 12일 제16-1292호

주소 (08377) 서울시 구로구 디지털로 33길 48 대륭포스트타워 7차 1008호

전화 02-523-2907, 6942-9570~2

팩스 02-523-2951

이메일 purungilbook@naver.com

홈페이지 www.purungil.co.kr

ISBN 978-89-6291-414-6 93340

*이 도서의 국립중앙도서관 출판예정도서목록(CIP)은 서지정보유통지원시스템 홈페이지(http://seoji.nl.go.kr)와 국가자료공동목록시스템(http://www.nl.go.kr/kolisnet)에서 이용하실 수 있습니다. (CIP제어번호 : CIP2017014575)

이 저서는 2016년 대한민국 교육부와 한국연구재단의 지원을 받아 수행된 연구임 (NRF-2016S1A3A2924104).

미래정치연구소 학술 총서 시리즈 05

국민의 참여가
민주주의를 살린다

윤종빈·정수현 외 | 미래정치연구소 편

푸른길

차
례

머리말 · 8

제1부　　　**정치참여**

01 촛불시위와 정치참여　　　이한수
· 19 ·

　정치참여의 중요성 · 21
　정치참여의 변이 · 22
　정치참여 확대를 위한 노력 · 26

02 누가 정치적 행동에 적극적인가?: 정치적 효능감과 정치참여　　　박경미
· 29 ·

　사람들의 정치적 효능감은 왜 중요한가? · 29
　정치적 효능감이 높아지면 정치 문화는 좋아지는가? · 31
　정치적 효능감은 어떤 사람이 높은가? · 33
　높은 정치적 효능감은 어떤 정치적 행동으로 이어지는가? · 35

03 정당의 시민정치 교육과 정치참여　　　한정훈
· 38 ·

　들어가며 · 38
　정당에 의한 시민정치 교육은 시민들의 정치참여에 어떠한 영향을 미치나? · 40
　정당에 의한 시민정치 교육의 사례는 어떠한 것들이 있는가? · 41
　시민정치 교육을 위한 한국 사회의 정당의 역할은 어떠한가? · 44
　글을 맺으며: 정당에 의한 시민정치 교육과 그를 통한 정치참여의 증대를 위해 무
　엇을 할 것인가? · 46

04 주민소환과 주민발의 그리고 직접민주주의　　　이재묵
· 49 ·

　주민소환제 · 50

주민발의 · 53

정치참여와 직접민주주의 · 56

05 21세기형 정치참여: 정당정치를 중심으로   이정진
· 57 ·

정치에 참여할 수 있는 방법은? · 57

정당을 통한 정치참여는 어떻게 이루어지는가? · 59

정당정치는 어떻게 변화하고 있는가? · 62

직접행동은 정당정치의 대안인가? · 64

제2부   투표참여

06 투표행태에 대한 이론적 논의   조원빈
· 69 ·

투표행태 연구 · 70

투표행태에 대한 이해 · 72

투표행태와 개인 수준의 요인 · 74

투표행태와 사회적 요인 · 76

투표행태와 제도적 요인 · 77

07 투표참여의 당위와 현실을 둘러싼 논쟁   조진만
· 80 ·

투표참여, 무엇이 문제인가? · 80

어떤 투표참여가 바람직한가? · 82

누가, 어떠한 이유에서 투표를 하는가? · 84

어떠한 투표참여가 이루어져야 하는가? · 88

08 회고적 투표: 이론과 실제   장승진
· 90 ·

들어가며 · 90

회고적 투표 · 92

한국 선거에서의 회고적 투표 · 94

나가며 · 96

제3부   **사회적자본**

09   **왜 사회적자본인가?**   정수현
· 101 ·

사회적자본이라는 용어의 유래는? · 102

사회적자본은 어떠한 특징을 갖는가? · 106

사회적자본은 민주주의에 어떤 영향을 미치는가? · 108

10   **사회적자본에 기반한 시민의 정치참여와 민주주의**   임유진
· 111 ·

대의민주주의에서 정치참여의 감소와 사회적자본 · 112

사회적자본의 구성 요소 1: 신뢰 · 114

사회적자본의 구성 요소 2: 수평적 네트워크 · 115

사회적자본의 구성 요소 3: 자발적 결사체 · 116

사회적자본과 민주주의 그리고 경제적 발전 · 117

11   **사회적자본과 다양성, 그리고 다문화 사회**   정회옥
· 119 ·

들어가며 · 119

다양성의 증대 · 121

다양성과 사회적자본의 관계 · 123

우리나라는 어떤 모습을 보일 것인가? · 125

나가며 · 127

제4부	사회통합과 정치적 관용

12 　사회통합과 정치 　　　　　　　　　　　　　　　　　　　한의석
· 131 ·

　　사회통합은 무엇을 의미하는가? · 132
　　사회갈등 완화로서의 사회통합 · 134
　　한국 사회의 갈등과 사회통합을 위한 정치 제도 · 136

13 　한국의 민주주의와 정치적 관용 　　　　　　　　　　　　　　박지영
· 139 ·

　　무엇이 정치적 관용에 영향을 미치는가? · 141
　　한국 사회에서 정치적 관용이 주는 함의는 무엇인가? · 143
　　'소수'와 '다름'이 존중받는 사회를 위하여 · 145

14 　정치적 관용과 민주주의: 이상과 현실 　　　　　　　　　　　유성진
· 147 ·

　　정치적 관용: 집단에 대한 인식과 다원주의 · 149
　　한국 사회의 관용과 민주주의 · 152

참고문헌 · 156
이 책을 기획하고 집필한 정치학자들 · 170

머리말

대한민국을 혼란과 갈등의 늪에 빠지게 한 박근혜 전 대통령. 그에 대한 국회의 탄핵소추안 의결과 헌법재판소의 파면 결정은 2017년 5월 9일 조기 대선의 실시와 함께 우리 사회를 한번도 가 보지 못한 새로운 길로 이끌었다. 탄핵의 과정에서 볼 수 있었던 우리 국민들의 평화적이며 성숙한 촛불시위는 해외로부터 큰 주목을 받았고 민주주의의 모범 사례가 되었다. 정치참여는 일반적으로 투표참여인 제도적 참여와, 집회 및 시위 등의 비제도적 참여로 나뉜다. 이 중 촛불시위는 비제도적 정치참여의 방식 중 하나로 제도적 참여가 기능을 다하지 못할 때 거리에 나와 직접 의사를 표현하는 방법이다. 광장의 '촛불혁명'은 정치권이 초래한 탄핵이라는 국가적 위기를 국민들의 손으로 슬기롭게 극복한 역사적인 사건으로 남을 것이다.

그렇다면 대한민국의 국민들은 왜 거리로 나온 것일까? 2030세대의 정치적 무관심이 높고 투표참여율이 낮아져 대의민주주의가 위기에 봉착한 상황에서 수많은 국민들이 적극적으로 촛불시위에 참여한 이유는 무엇일까? 이 책은 우리 국민의 적극적인 촛불시위 참여에 대한 이해는 사회적자본에 대한 논의에서 출발해야 한다는 시각을 갖고 있다. 우리나라는 사회적자본의 수준이 낮지 않음에도 불구하고 투표참여는 저조한 편이며 정치 관심도 또한 낮은 수준에 머물러 있다. 그럼에도 불구하고 촛불시위를 통해 광장민주주의가 대의민주주의를 보완하는 것을 확인하였고 우리 국민들의 상호 간의 신뢰와 네트워크, 그리고 소통의 수준이 높다는 것을 알게 되었다.

이 책은 총 4부로 이루어져 있다. 우선 제1부는 다양한 형태의 정치참여에 대해 고찰하고 이를 통해 민주주의의 근간인 정치참여의 확대를 위한 방안을 제시하며, 제2부는 정치참여 중에서도 투표참여에 집중하여 투표행태란 무엇이고 이러한 투표참여가 실제 어떻게 이루어지고 있는지 살펴본다. 제3부는 사회적자본에 대한 이론적 설명과, 사회적자본과 정치참여 및 민주주의의 연관성을 살펴본다. 마지막 제4부에서는 사회통합과 정치, 그리고 정치적 관용을 소개하고 우리에게 주는 시사점을 모색한다.

제1부의 첫 번째 글인 "촛불시위와 정치참여(이한수)"는 자발적인 정치참여인 2016년부터 2017년 초까지의 촛불시위에 대한 관찰과 분석을 통해 정치참여의 중요성과 변이, 정치참여 확대를 위한 여러 가지 노력에 대해 서술한다. 저자에 따르면 민주주의 성취를 위한 주요 요건인 정치참여를 확대하기 위해서는 정부나 정당의 동원은 물론이고 시민의 정치적 효능감 및 시민의식의 제고가 중요하며, 이를 위해 정당, 정부, 교육기관의 적극적인 시민 교육이 필요하다는 의견을 제시한다.

두 번째 글인 "누가 정치적 행동에 적극적인가?: 정치적 효능감과 정치적 행위(박경미)"는 정치적 행동에 있어서 개인의 정치적 효능감이 무엇보다 중요함을 강조한다. 개인에 의해 정치사회적인 변화가 이루어질 수 있다는 느낌을 의미하는 정치적 효능감은 정치사회화 과정에서 형성되었을 때 비교적 안정적이다. 이러한 정치적 효능감에는 정치적 지식, 교육 수준, 연령, 성별, 소득 등의 변수가 영향을 미칠 수 있다. 정치적 효능감이 높아지면 개인의 정치참여는 적극적으로 확대될 것이고 정치체제의 발전과 안정성에 기여할 것이라고 설명한다.

세 번째 글인 "정당의 시민정치 교육과 정치참여(한정훈)"는 미약해지는 정당의 역할로 인해 한국 대의민주주의가 위기에 처했고, 이를 극복하기 위한 방안으로 시민정치 교육의 확대를 제안한다. 특히 오스트리아 레너협회의 활동을 소개하면서 한국 정당에 의한 시민정치 교육의 활성화가 정치참여의 증대를 이끌어 낼 수 있다고 본다. 예를 들어 정책연구소의 기능 정상화와 재정적 독립, 그리고 시민정치 교육 학교 및 프로그램의 설치 의무화를 구체적인 방안으로 제시한다.

네 번째 글인 "주민소환과 주민발의 그리고 직접민주주의(이재묵)"는 대의민주주의하에서 일어날 수 있는 주인–대리인 문제를 제기하면서 유권자들이 선출직 정치인들을 처벌하고 통제할 수 있는 직접적인 수단인 주민소환제와 주민발의에 대해 소개한다. 또한 한국 사회에서 민주주의 제도에 대한 만족도와 신뢰도 회복을 위해 이러한 직접민주주의 요소의 도입이 기여하는 바에 대해 살펴본다.

제1부 정치참여 파트의 마지막 글인 "21세기형 정치참여: 정당정치를

중심으로(이정진)"는 다양한 정치참여 중 정당을 통한 정치참여에 주목해 이를 집중적으로 설명한다. 특히 정당정치가 점차 온라인, 모바일을 활용한 참여 그리고 직접행동의 방향으로 변화하고 있는 추세와 그 중요성에 대해 설명하고 적극적인 정치참여의 형태로 새롭게 등장하는 다양한 사례들을 제시한다.

제2부의 첫 번째 글인 "투표행태에 대한 이론적 논의(조원빈)"는 민주주의 체제에서 여러 역할을 수행하는 선거, 즉 투표에 대한 기존의 연구들을 살펴본다. 투표행태에는 비용·이익·교육 수준 등의 개인적 요인과 세대·공동체 활동 등의 사회적 요인, 선거 제도·선거인 등록제도 등의 제도적 요인이 영향을 미친다는 것을 보여 준다.

두 번째 글인 "투표참여의 당위와 현실을 둘러싼 논쟁(조진만)"은 대의 민주주의에서 바람직한 투표참여는 무엇인지, 어떤 이유로 투표를 하는지에 대해 논의한다. 투표참여에는 공공 문제에 대한 관심과 고민, 올바른 선택의 책임을 가진 민주적 시민을 양성하기 위한 노력과 투자가 필요하며, 이러한 투표참여의 동인으로 개인의 이익뿐만 아니라 사회적 네트워크의 압력, 사회와 공동체의 이익에 대한 고민, 정당과 후보자의 동원 효과 등 다양한 측면이 고려되어야 함을 강조한다.

세 번째 글인 "회고적 투표: 이론과 실제(장승진)"는 유권자들이 후보 및 정당의 성과에 대한 평가를 투표 선택의 기준으로 삼는 회고적 투표에 대한 개념을 설명하고 국내의 회고적 투표에 대한 논의를 검토한다. 그 결과 지방 선거, 재·보궐 선거를 제외한 전국 단위 선거에서 회고적 평가가 투표 선택에 미치는 영향력에 대해서는 명확한 결론이 내려져 있지 않고 후속 연구에서 이에 대해 보다 면밀한 분석이 필요하다는 점을 강조한다.

제3부의 첫 번째 글인 "왜 사회적자본인가?(정수현)"는 사회적자본이 대중매체, 일상생활 속에서 빈번히 이용되고 있으나 그 의미나 역할에 대한 명확한 이해가 미흡하다는 문제의식에서 출발해 사회적자본의 유래, 특징, 민주주의에 미치는 영향 등을 분석한다. 이 글의 핵심 논지는 사회적자본을 단일의 개념으로 설명할 수 없으며 결속형(bonding), 교량형(bridging) 등으로 다양한 속성을 가지고 있다는 것이다.

두 번째 글인 "사회적자본에 기반한 시민의 정치참여와 민주주의(임유진)"는 로버트 퍼트넘 등의 학자들이 주장한 사회적자본 이론에 대해 전반적으로 검토하고 사회적자본의 구성 요소인 신뢰, 수평적 네트워크, 자발적 결사체 등에 대한 개념을 요약한다. 저자는 사회적자본이 민주주의 수준은 물론 경제적 발전과 단순한 인과관계를 넘어 상호의존적이라는 점을 제시한다.

세 번째 글인 "사회적자본과 다양성, 그리고 다문화 사회(정회옥)"는 최근 한국 사회에 외국인 이주 노동자, 결혼 이주 여성, 다문화 가정 자녀 등이 꾸준히 증가하는 등 인적 구성에 급격한 변화를 맞고 있다는 점을 지적하며, 다문화 사회의 다양성과 사회적자본이 어떠한 관계를 갖는지에 대해 전망한다. 저자는 기존 연구들에서 다양성이 사회적자본에 미치는 영향력이 상반되는 시각이 존재한다는 점을 토대로 우리나라에서 두 변수 간의 관계를 전망한 결과, 인구학적 다양성이 증가하고 있는 상황에서 우리의 사회적자본의 수준이 전반적으로 낮다는 점이 위협 요인이 될 수 있다는 점을 지적하면서 향후 이에 대한 관심이 필요하다는 점을 상기한다.

국민의 참여가 민주주의를 살린다

제4부의 첫 번째 글인 "사회통합과 정치(한의석)"는 사회통합의 개념과 역할 등에 대한 일반적인 내용을 검토한 후 한국 사회의 통합 정도를 갈등 수준을 통해 설명하고자 한다. 또한 정치·행정 영역에서 사회갈등을 완화하고 사회통합을 강화할 수 있는 제도적 방안에 대해 고찰하면서 그 핵심에는 권력의 독점 방지, 즉 권력 분점이 중요하다는 점을 지적한다. 또한 제도의 개선과 함께 소통과 신뢰 강화를 위한 지속적인 노력이 필요하다고 역설한다.

두 번째 글인 "한국의 민주주의와 정치적 관용(박지영)"은 최근 한국 사회는 계층 및 세대갈등, 양극화 현상 등으로 갈등이 심화되고 있으나, 이러한 갈등을 조정하고 통합해야 할 정치 지도자들이 그 역할을 제대로 수행하지 못함을 지적한다. 저자는 신뢰, 효능감과 함께 정치적 관용의 제고가 사회의 갈등을 해소할 수 있는 방안 중 하나라는 시각을 갖고 정치적 관용의 수준에 영향을 미치는 여러 요인들을 탐색한다.

세 번째 글인 "정치적 관용과 민주주의: 이상과 현실(유성진)"은 민주주의의 원활한 작동에 있어 제도적 장치의 구축뿐만 아니라 제도에 대한 합의, 그리고 공동체 구성원들이 지닌 민주주의에 대한 인식이 중요한 역할을 한다고 지적한다. 또한 이러한 민주주의에 대한 인식의 핵심적인 가치를 정치적 관용이라고 주장하며, 한국 사회에서 관용에 대한 논의를 확대하고 관용을 제고할 수 있는 방안을 고민하였다.

이 책은 정당정치 연구 분야의 최고의 전문가들이 모여 함께 머리를 맞대고 작업한 집단지성의 산물이다. 한국연구재단의 지원으로 2013년 9월에 시작한 명지대학교 SSK(Social Science Korea)사업단은 3년간의 소형단계 연구를 마치고, 2016년 9월부터 3년간의 중형단계 연구를 새롭게 시작하였으며 정당정치 연구의 지평을 확장하고자 노력하였다. 소형단계에서는 대의민주주의의 대표성과 반응성을 제고하기 위해 우리나라를 포함한 세계 각국 정당들의 유권자 연계 전략과 실제에 대해 연구하였고, 중형단계에서는 연구의 범위를 확대해 보다 구조적인 차원의 사회적자본과 정치참여의 이론과 실제에 대한 연구를 시작하였다. 한국 사회가 갑작스럽게 맞이한 전례 없는 대통령 탄핵과 조기 대선을 평화적으로 무사히 마무리할 수 있었던 것은, 우리 사회에 잠재한 손으로는 잡히지 않는 사회적자본이 작용한 결과라고 생각된다. 급변하는 정치사회적 상황에서 이 책은 전문가들의 정당정치에 대한 깊이 있는 식견을 대중에게 좀 더 쉽게 전달하기 위해 고안되었다.

한국 정치의 안정과 정치 신뢰 제고, 대의민주주의 강화를 위해서는 정치참여와 사회적자본의 축적이 매우 중요하다는 문제의식에 공감해 주신 많은 선·후배 교수님들의 고민과 노력이 없었다면 이 책은 결실을 맺지 못했을 것이다. 이 책은 전문가들이 인식하는 우리 정당정치의 현실적인 고민을 전문가 내부의 논의만 그치지 않고 일반 유권자들과도 공감대를 이루어 실질적인 정치개혁을 이루고자 하는 절실함을 기반으로 하고 있다.

끝으로, 출판을 흔쾌히 수락해 주신 푸른길의 김선기 대표님께 진심으로 감사의 마음을 전하며, 이 책을 통해 우리 정당정치에 대한 전문가의 고민이 일반 대중에 전달되어 함께 논의할 수 있게 되기를 기대한다. 그리고 지난 수년간 SSK 연구사업의 성공적인 결실을 위해 혼신의 힘을 다해 주신 정회옥 교수님을 비롯한 공동연구원 선생님들께도 존경과 감사의 마음을 전한다. 또한 바쁘신 와중에도 연구 취지에 공감해 주시고 적극적으로 참여해 주신 여러 선후배, 동료 교수님들께도 깊은 감사를 전한다. 더불어 미래정치연구소의 발전을 위해 열정을 다하는 명지대학교 정치외교학과 대학원생 김진주·김소정·정승희 양과 그동안 참여한 수많은 학부생들에게도 감사의 마음을 전한다.

2017년 6월

저자들을 대신하여, 윤종빈

정치참여

01

촛불시위와 정치참여

이한수 · 아주대학교

2016년 10월 29일, '최순실 국정 농단' 혹은 '박근혜−최순실 게이트'에 항의하는 수만 명의 시민들이 촛불을 들고 광장으로 나왔다. 이후 주말마다 전국의 시민들이 촛불시위를 이어 갔으며, 그 사이 박근혜 전 대통령에 대한 탄핵이 진행되었다. 박 전 대통령이 파면 선고를 받은 다음 날인 2017년 3월 11일이 되어서야 마침내 탄핵을 축하하는 마지막 정기 촛불집회가 열릴 수 있었다. 물론 다른 한편에서는 탄핵을 반대하는 집회도 꾸준하게 진행되었다. 탄핵에 대해 찬성하든 반대하든, 2016년 겨울은 시민들의 정치참여로 뜨거웠던 겨울로 기억될 것이다.

정치참여는 다양한 형태로 나타날 수 있다. 2016~2017년의 촛불시위는 정치참여의 대표적인 사례가 될 수 있다. 정치참여란 정부의 구조, 대표자의 선출, 혹은 정책 결정에 영향을 미치고자 하는 시민들의 행위를 의미한다(Conway 2000; Verba et al. 1995). 정치참여는 넓게는 선거 기간 중 뉴스를 찾아보는 일 등의 정치에 대한 관심과 같은 수동적인 행위도 포함한다(Conway 2000). 반면, 좁게는 시민들의 자발적인 참여를 전제로 하는 능동적인 행위만을 정치참여로 볼 수도 있다(Verba et al. 1995). 스스로 투표에 참여하거나 시위에 참석하는 것은 자발적인 정치참여의 예로 볼 수 있다. 자발적 정치참여와 달리 강제적으로 동원된 투표나 시위 등은 비자발적 정치참여이다. 자발적 참여와 비자발적 참여는 정치참여의 형태를 나누는 주요한 기준들 중 하나이다. 2016~2017년의 촛불시위는 자발적 정치참여라고 볼 수 있다.

참여의 자발성과 더불어 정치참여가 인습적(conventional)인가 그렇지 않은가도 중요한 기준이다. 인습적인 정치참여란 참여자의 행위가 보편적인 사회 기준이나 정치 문화에 부합하는 형태를 의미한다. 가장 대표적인 예는 투표참여가 될 수 있다. 반면, 비인습적(unconventional)인 정치참여는 통상적인 사회 기준에 부합하지 않거나 일상적으로 관찰되지 않는 행위를 말한다. 비인습적 정치참여는 합법적인 형태로도 나타날 수 있고, 불법적인 형태로도 나타날 수 있다. 예를 들어, 2016~2017년의 촛불시위와 같은 정치참여는 합법적이지만 일상적이지 않다는 측면에서 비인습적이라고 볼 수 있다. 반면, 정치인에 대한 암살 등과 같은 행위는 불법적이며 비인습적인 정치참여라고 할 수 있다. 민주주의 사회에서 정치참여가 사회 발전에 긍정적인 역할을 한다면, 이때 정치참여는 자발적이고

합법적인 행위를 전제로 할 것이다.[1]

정치참여의 중요성

대의민주주의 사회에서 정치참여는 체제의 작동을 위한 최소한의 조건이 될 수 있다. 예를 들어, 누구도 투표에 참여하지 않는다면 대표자를 선출할 수 없을 것이다. 그렇다고 정치참여가 민주주의를 위한 충분조건이 되는 것은 아니며, 높은 정치참여율이 반드시 민주주의의 실현을 의미하는 것도 아니다.[2] 그럼에도 불구하고 학자들은 민주주의 사회에서 정치참여가 갖는 의미를 강조하며, 정치참여가 정책의 변화 혹은 차이를 가져올 수 있다고 주장한다(Pateman 1970). 예를 들어, 기본적으로 시민들이 선거에서 누구를 자신들의 대표로 뽑을 것인가는 이후 누가 자신들을 통치할 것인가를 결정하는 정치참여 행위이다.

때로는 참여라는 행위 자체가 정책의 변화를 가져오기도 한다. 예를 들어, 불균등한 정치참여는 정치적 불평등을 야기할 수 있다(Key 1950). 민주주의에서는 투표를 통해 대표자를 선택한다. 그리고 대표자들이 정책을 결정한다. 모든 조건이 유사하다면, 대표자들은 재선을 위해 자신을 지지해 준 사람들의 이익을 대표하려 할 것이다. 더 나아가, 좀 더 적극적으로 투표에 참여하는 계층 혹은 집단을 위한 정책결정을 하고자 할 것이다.

---

1. 비민주주의 사회에서 정치참여의 의미와 해석은 매우 다른 형태로 나타날 수 있다.
2. 독재국가의 높은 투표율이 그 예가 될 수 있을 것이다.

예를 들어 젊은 층에 비해 노년층이 좀 더 적극적으로 투표에 참여한다면, 후보자 혹은 대표자들은 노년층을 위한 정책을 상대적으로 더 빈번하게 제시할 가능성이 높다. 실제로 미국의 사례를 살펴보면, 특정 지역구에서 상대적으로 높은 투표참여율을 보인 지역에 더 많은 정부 예산이 배분되는 경향이 있다는 경험적 연구가 존재한다(Martin 2003). 더 나아가, 상대적으로 가난한 시민들의 참여가 증가할 때 미국 주정부의 복지 예산이 증가하는 경향이 있다는 증거도 존재한다(Hill and Leighley 1992). 그렇다면 누가 더 적극적으로 정치에 참어하는가 혹은 참여의 양상이 왜 변화하는가는 매우 흥미로운 주제가 될 것이다.

정치참여의 변이

앞서 언급하였듯이 투표참여는 정치참여의 가장 일반적인 예이다. 현재 대한민국에서 만 19세 이상의 시민은 주요 선거에 참여할 수 있는 권리를 가진다. 〈그림 1.1〉은 1948년부터 2016년까지의 대통령 선거와 국회의원 선거, 그리고 지방 선거의 투표참여율에 관한 정보를 담고 있다. 전체적으로 보았을 때, 투표참여율은 감소하고 있는 추세인 것으로 보인다. 또한 선거에 따른 전반적인 차이도 존재한다. 국회의원 선거(평균 73.8%)에 비해 대통령 선거(평균 82.4%)의 투표참여율이 높고, 지방 선거(55.5%)에 비해 국회의원 선거의 투표율이 평균적으로 높은 것을 확인할 수 있다. 1987년 민주화 이후의 선거 결과만 놓고 살펴보았을 때도 유사

그림 1.1 투표참여율의 변화(출처: 중앙선거관리위원회)

한 양상을 관찰할 수 있다.3

　이 자료를 통해 알 수 있는 사실은 투표참여가 시기에 따라, 그리고 제도에 따라 변한다는 것이다. 우선 제도에 따른 참여율의 차이를 확인할 수 있다. 대통령 선거에 비해 국회의원 선거의 투표율이 낮고, 국회의원 선거에 비해 지방 선거의 투표율이 전반적으로 낮은 것은 각 선거에 대한 시민들의 인식 차이 때문에 나타난 결과일 수 있다. 즉, 유권자들이 대통령이라는 직위를 가장 중요하고 영향력이 있다고 여기기 때문에 더 적극적으로 투표에 참여한다는 것이다. 제도의 차이에 따른 투표율의 차이는 국가

---

3. 평균적으로 대통령 선거 투표율은 약 76.9%, 국회의원 선거 투표율은 약 61%이다.

간의 비교에서도 두드러지게 나타난다. 예를 들어, 투표가 의무인 국가가 상대적으로 높은 투표율을 보이고, 사전 등록제가 있는 국가에서 상대적으로 낮은 투표율을 보이는 것은 잘 알려진 사실이다(Jackman 1987).

투표참여를 넘어 시위나 선거 운동에 자발적으로 참여하는 행위 역시 시기나 개인에 따른 차이를 보인다. 과거 독재 정권 아래에서 많은 대한민국 시민들은 민주화를 요구하는 대규모 시위에 참여했었다. 반면, 민주화 이후 대규모 시위의 횟수나 참여 인원의 수는 감소한 것으로 보인다. 이러한 시기직 변화는 민주화라는 정치체제의 변화와 연관하여 설명할 수 있을 것이다. 독재 체제하에서 민주화에 대한 열망은 더 많은 시민들이 더 빈번하게 거리로 나오게 하는 동인이었다. 비록 오늘날에도 여전히 더 높은 수준의 민주화를 이루고 사회문제를 해결하고자 하는 시민들의 요구가 존재하지만, 민주화 이후 가장 주요했던 정치참여의 동인이 사라지게 되면서 과거에 비해 시위의 횟수와 참여 인원이 감소하였다고 볼 수 있다.

민주화 이후에도 시민들의 집단적인 정치참여는 관찰된다. 앞서 설명하였듯이 2016~2017년 촛불시위가 대표적인 예가 될 수 있다. 물론 많은 시민들이 촛불시위에 참여하였지만 모든 시민들이 그러했던 것은 아니다. 개인적 수준의 정치참여의 변이는 다양한 변수들로 설명할 수 있다. 좁은 의미에서 보자면 정치참여는 목적지향적인 행위로 이해할 수 있다. 전체적으로 보았을 때, 2016~2017년 촛불시위에 참여했던 시민들은 박근혜 전 대통령의 탄핵을 요구하기 위해 광장에 나왔다. 즉, 이러한 목적을 가지지 않은 사람들 혹은 그 필요성을 느끼지 못한 유권자들은 촛불시위에 참여하지 않았을 것이다. 더 나아가, 소위 말하는 '최순실 국정 농

국민의 참여가 민주주의를 살린다

단 사태'에 대해 알고 있지 못했던 사람들, 그리고 이 사태를 문제로 인식하지 않던 시민들 역시 시위에 참여하지 않았을 것이다. 이러한 유추를 일반화한다면 사회나 정치에 관한 문제를 인지하지 못한 사람들, 그리고 정치에 대한 관심이나 지식이 적은 사람들일수록 정치참여에 소극적이라는 결론을 도출할 수 있다.

정치참여가 일정 수준의 자원을 요구하는 행위라는 점을 강조하는 학자들은 정치 지식이나 관심을 정치참여를 위한 일종의 자원으로 간주한다(Verba et al. 1995). 2016년 국회의원 선거 후 실시된 설문조사 결과에 따르면, 비록 박근혜 전 대통령 탄핵 이전의 상황이지만 "박근혜 정부가 잘못해 왔다"고 응답한 사람들일수록 촛불집회 등과 같은 합법적 시위에 참여해 본 적이 있거나, 참여할 의향이 있다고 답한 빈도가 상대적으로 더 높게 나타났다. 즉, 유권자들이 사회 혹은 정부에 문제를 제기하고자 하는 의지가 강할수록 좀 더 적극적으로 정치에 참여할 가능성이 높다는 것이다. 또한, 정치 지식이나 관심은 촛불집회와 같은 시위 참여와 일정 수준의 긍정적인 상관관계를 갖고 있는 것으로 나타났다.[4] 다시 말해, 정치 지식과 관심이 정치참여를 설명하는 유의미한 변수가 될 수 있다는 것이다.

정치적 자원뿐만 아니라 동원도 정치참여를 설명하는 주요 변수가 될 수 있다. 예를 들어, 정당이나 시민단체들이 정치참여를 독려하고 적극적으로 동원을 모색한다면 좀 더 높은 수준의 정치참여를 관찰할 수 있을 것이다. 지난 촛불시위와 같은 대규모 집회가 시민단체들을 중심으로 진행

---

4. 한국정치학회·중앙선거관리위원회, 2016, 국회의원 선거 외부평가 설문조사.

된다는 사실은 동원의 중요성을 보여 준다. 또한 주요 정당과 유력 정치인들의 집회 참석, 그리고 매체를 통한 의견 표명은 정치참여에 긍정적인 역할을 했을 것으로 보인다. 실제로 지난 20대 국회의원 선거 당시 설문조사를 살펴보면, 투표참여에 있어 정당의 후보자나 주변 사람들의 설득은 투표참여와 긍정적인 상관관계를 보이는 것으로 나타났다.[5] 이러한 관계는 대한민국뿐만 아니라 미국 유권자들의 투표행태에서도 나타나는 것을 알 수 있다(Gerber and Green 2000).

정치참여 확대를 위한 노력

이미 설명하였듯이 정치참여는 민주주의를 위한 주요 요건이 될 수 있으며 사회의 정치적, 경제적 균형을 위해서도 중요하다고 할 수 있다. 그렇다면 어떻게 정치참여를 제고할 수 있는가? 앞서 지적하였듯이 정부나 정당의 동원은 정치참여를 증진하는 하나의 방안이 될 수 있다. 하지만 관제 시위와 같은 인위적인 동원은 민주주의 발전에 부정적인 영향을 미칠 수도 있다. 몇몇 학자들은 유권자들이 정치참여를 통해 정책에 영향을 미칠 수 있고, 정당이나 정부가 자신들의 요구에 응답한다고 믿을수록 투표에 참여할 가능성이 높아진다고 주장한다(Rosenstone and Hansen 1993).

---

5. 한국정치학회·중앙선거관리위원회, 2016, 국회의원 선거 외부평가 설문조사.

실제로 지난 2016년 20대 국회의원 선거 중 진행된 설문조사 결과에 따르면, 정부(공직자들)가 자신들의 요구에 관심을 가지고 있다고 생각하는 유권자일수록 그렇지 않은 사람에 비해 상대적으로 더 빈번하게 투표에 참여하고, 합법적인 집회에 참여하거나 참여할 의사가 있다고 응답한 것으로 나타났다. 이러한 결과는 정부가 시민의 요구에 좀 더 적극적으로 대응한다면 정치참여 수준도 증가할 수 있음을 보여 주는 경험적 근거라고 볼 수 있다. 물론 이러한 주장은 정부의 민주적 대응성(democratic responsiveness)이 시민들의 정치적 효능감(political efficacy)에 긍정적인 역할을 한다는 가정을 기반으로 한다.

박 전 대통령의 탄핵을 위해 추운 날씨에도 불구하고 광장에 나섰던 많은 시민들은 자신들의 참여가 국회와 헌법재판소의 의사 결정에 영향을 미칠 수 있다는 믿음을 가지고 있었을 것이다. 만일 시민들이 낮은 정치적 효능감을 가지고 있었거나 민주적 대응성에 회의적이었다면 촛불시위의 규모는 그리 크지 않았을 수도 있다. 더 나아가, 이번 헌법재판소의 결정은 국민들의 요구에 정부가 긍정적으로 대응할 수 있다는 사실을 전체 유권자들에게 각인시켰을 수 있다. 이러한 경험은 향후 대한민국 유권자들이 좀 더 적극적으로 정치에 참여할 수 있는 심리적 자원이 될 것이다.

투표참여를 합리적 선택으로 설명하는 학자들은 기대 효용이 매우 낮은 행위임에도 불구하고 시민들이 투표하기 위해 문을 나서는 까닭을 유권자들이 가지고 있는 시민의식으로 설명하곤 한다(Riker and Ordeshook 1973). 예를 들어, 앞서 소개한 경험적 자료를 분석하면, 투표를 시민의 의무로 생각하는 사람이 그렇지 않은 사람보다 투표할 가능성이 더 높은 것을 알 수 있다. 또한 교육 수준이 높은 사람일수록 투표참여와 합법적 시위에 참여할 가능성도 증가하는 것으로 나타났다.[6] 이러한 결과는 시민 교육을 통해 정치참여를 증진시킬 수 있다는 주장을 뒷받침한다.

대한민국에서 정치 교육 혹은 시민 교육은 그다지 활발하게 이루어지고 있지 않은 듯하다. 주요 정당의 정강 정책 등을 살펴보면, 정당의 주요 활동 중 시민 교육에 관한 부분은 두드러지지 않는다. 또한 대학에서의 민주주의나 정치학 관련 교양 강좌도 감소하고 있는 것으로 보인다. 정당이나 정부, 그리고 교육기관이 정치 혹은 시민 교육에 좀 더 적극적인 관심을 보인다면 시민들의 정치참여 역시 긍정적인 방향으로 발전할 수 있을 것이다. 앞서 지적하였듯이, 정치참여는 민주주의를 위한 충분조건은 아니더라도 필수조건은 될 수 있다. 시민들 역시 불균등한 정치참여가 정치적 불평등을 야기할 수 있음을 파악하고, 정치에 관심을 가지고 적극적으로 참여할 때 사회 전체의 균형 잡힌 발전뿐만 아니라 궁극적으로 자신의 이익도 증진될 수 있음을 인식할 필요가 있다.

---

6. 한국정치학회·중앙선거관리위원회, 2016, 국회의원 선거 외부평가 설문조사.

02

누가 정치적 행동에 적극적인가?

: 정치적 효능감과 정치참여

박경미 · 전북대학교

사람들의 정치적 효능감은 왜 중요한가?

최근 한국 사회에서 정치적 이슈에 관심을 갖고 집회나 시위에 적극적으로 참여하는 사람들의 모습이 언론에 연일 보도되고 있다. 2000년대 이후 두 차례의 대통령 탄핵사태와 각종 정치사회적 이슈를 둘러싸고 둘러진 집회와 시위는 한국 사회가 높은 정치적 관심을 지녔음을 보여 준다. 각 사태의 내용과 문제는 다르다고 하더라도 거리로 뛰쳐나와 집회의 대열에 참여하는 사람들은 그 이슈에 대해 찬성하든 반대하든 그 뜻을 표출하여 자신들의 주장을 관철시키고자 참여하는 것이다.

이처럼 모든 사람들이 정치사회적 문제에 직접적으로 반응하여 집회와 시위에 참여하는 것은 아니다. 그러한 문제 자체에 관심이 전혀 없는 사람들도 있을 뿐만 아니라 어떤 사람들은 그 이슈에 대해서 자신의 목소리를 내고 싶더라도 정해진 시간과 장소에 가는 것이 어려워 진행되는 집회나 시위에 나서지 못하기도 한다. 물론 집회와 시위 장소에 갈 수 있는 시간적 여유가 있다고 하더라도 모두가 참여하는 것 또한 아니다. 집회와 시위와 같은 형태의 정치저 참여 여부이 결정에는 여러 가지 요인이 작용하기 때문이다.

정치참여를 하는 사람과 하지 않는 사람의 결정은 개인의 심리에 따라 달라지는데, 그 영향을 미치는 요인 중 하나가 '정치적 효능감(political efficacy)'이라는 개념이다. 정치적 효능감은 "정치사회적 변화가 가능하며 그러한 변화가 일어나도록 개인이 역할을 할 수 있다는 느낌"을 말한다 (Campbell et al. 1954, 188). 자신이 정치적 행위를 하였을 때 그러한 행동이 정치사회를 변화시킬 수 있다는 내적 믿음이다.

이처럼 정의되는 정치적 효능감은 근대민주주의의 원활한 작동에서 필요한 정치적 태도이다. 그 이유는 근대민주주의가 모든 국민이 직접 정치적 결정을 하는 형태가 아니라 정기적 선거를 통해 공직자를 선출하고, 그를 통해 간접적으로 정치적 결정에 참여하는 정치 과정을 거친다는 데 있다. 민주주의 정치 체계에서는 국민의 요구와 지지가 투입(input)되면 그 산출(output)로서 정부의 정책 결정이 이루어지고 이에 대해서 국민이 평가하는 환류(feedback)의 순환 과정을 반복하게 된다(Easton 1965). 국민

국민의 참여가 민주주의를 살린다

을 대신하여 선출직 공직자가 정책을 결정하며 그 정책의 공과에 대해서 또 다른 선거를 통해 실권하게 하거나 국민소환제 등과 같은 정치 제도를 통해 선출직 공직자를 징계하는 절차를 거치는 것이 현재의 일상적인 정치 과정이다. 이 과정에서 국민은 정책결정에 직접 참여하지 않기 때문에 국민 개개인이 자신의 정치적 의사를 표출하는 중요한 과정으로서 선거를 중요하게 생각하는 것이다. 선거를 비롯한 각종 정치적 제도는 민주주의의 원활한 작동과 정치 발전을 위해서 필수적이기 때문에 정치 제도를 신뢰하고 존중하며 국민들이 원하는 방향으로 작동하는 민주주의를 실현하기 위해서 정치참여가 필수적이라는 것이다. 그러한 민주주의로의 발전을 위해서는 사람들이 정치사회를 변화시킬 수 있다는 믿음을 가지고 자신의 생각을 표현하는 정치참여가 필요한 것이다.

정치적 효능감이 높아지면 정치 문화는 좋아지는가?

이른바 발전되었다고 평가받는 정치 체계는 '참여형 문화(participant culture)'를 형성하는데, 참여형 문화는 지방형 문화(parochial culture)나 신민형 문화(subject culture)와 구분된다(Almond and Verba 1963). 세 유형의 문화에서 차이는 일상적인 정치 과정에서의 투입과 산출을 사람들이 인지하고 평가하는지, 그리고 여기에 참여할 만큼 정서적 감정을 갖는지에 따라 달라진다. 먼저 지방형 문화에 속하는 사회의 사람들은 비정치적(apolitical)이어서 정부와 그 산출물인 정책을 잘 모를 뿐만 아니라 일상적인 투입 과정, 즉 순환적 정치 과정에 참여하지 못한다. 반면 신민형 문화에서 사람들은 정부와 정부 정책과 같은 산출은 알지만 적극적인 행위자로서 자기 스스로를 비롯하여 정당, 시민단체 등 투입에 관련된 행위들을 인지하지 못한다. 지방형 문화와 신민형 문화의 공통점은 정치 과정의 투입 과정을 인지 못하거나 그 수준이 낮다는 것이다.

반면 참여형 문화의 사람들은 정치 체계에 대해서 명백하게 인식하고 있을 뿐만 아니라 정치 과정의 투입과 산출에 대해서도 잘 알고 있는 것으로 평가된다. 정치 체계와 정치 과정에 대해서 잘 안다고 해서 그 과정에 연관되어 있는 행위자들을 긍정적으로 평가하는 것은 아니다. 다만, 그 평가가 긍정적이건 부정적이건, 혹은 그 자체를 수용하건 부정하건 간에 정치 체계에서 자기 스스로를 '적극적' 행위자로 인식한다는 것이 참여형 문화에서 나타나는 정치적 태도의 특징이다(Almond and Verba 1963, 19). 적극적 행위자로서 자기 스스로를 인식하기 위해서는 나의 정치적 행동이 정치 과정에 영향을 미칠 수 있다는 믿음, 즉 정치적 효능감이 있어야 한다.

여기에서 주목할 부분은 정치적 효능감이 높은 사람이 많은 사회에서 참여형 정치 문화가 형성될 수 있다는 점이다. 정치적 효능감은 정치참여를 높이는 요인으로 알려져 있다(Campbell et al. 1954; Milbrath and Goel 1977). 정치 체계로부터 지역 사회의 작은 이슈에 이르기까지 찬성의 의견이건 반대의 의견이건 자신의 입장을 표출할 수 있는 사회가 참여형 정치 문화에 속한다. 일상적이고 순환적인 정치 과정에서 주요 행위자 중 하나가 자기 스스로라고 위치시킬 수 있어야 하며, 자신의 정치적 행동

국민의 참여가 민주주의를 살린다

이 정치사회적 변화를 이끌어낼 수 있다고 믿는 정치적 효능감이 중요하다는 것이다.

정치적 효능감은 어떤 사람이 높은가?

정치적 효능감이 높은 사람이 많아지면 그 사회의 정치 문화도 달라진다는 사실은 정치 발전을 위해서 개개인의 정치적 효능감에 관심이 필요하다는 것을 말한다. 그렇다면 정치적 효능감을 높이기 위해서는 어떤 조건이 필요한가? 이에 대한 해답은 어떤 사람이 정치적 효능감이 높은가로부터 찾을 수 있다.

먼저, 정치적 효능감이 높다고 말할 수 있는 사람은 다음과 같은 두 가지 진술에 동의하지 않는 사람이다. 하나는 "나 같은 사람이 정부가 하는 일에 말해도 소용이 없다"이고, 다른 하나는 "공직자는 나 같은 사람들이 생각하는 것을 신경 쓴다고 생각하지 않는다"로, 두 질문에 대한 사람들의 찬반 응답과 그 동의의 정도를 정치적 효능감의 수준으로 이해한다(Chamberlain 2012; Craig et al. 1990; Niemi et al. 1991). 예를 들어, "나 같은 사람이 정부가 하는 일에 말해도 소용이 없다"고 생각하냐는 질문에 "그렇다"고 응답을 한 사람은 정치적 효능감이 낮은 사람으로, "그렇지 않다"고 답한 사람은 정치적 효능감이 높은 사람으로 분류하며, 질문에 동의하는 정도가 높을수록 정치적 효능감이 낮은 사람으로 간주하는 것이다.

정치적 효능감의 차이에 영향을 미치는 요인은 여러 가지가 있다. 우선,

정치적 지식이 많은 경우를 꼽을 수 있다. 정치적 지식이 많을수록, 정치 정보가 늘어날수록 정치적 효능감이 발전하게 된다(Eveland et al. 2003). 정치 정보를 확보하는 개인의 습성은 정치사회화 과정에서 만들어지는 데, 출생 이후 부모로부터 그리고 학교 교육 과정을 통해 정치 정보를 확보하면서 정치적 관심을 갖게 되며 이는 정치적 참여로 이어지게 된다(Miller et al. 1980; Verba et al. 1995). 일례로, '모든 사람은 동등하고 정치 과정에서 동등한 권리와 참여의 기회를 갖는다'는 정치적 권리를 아는 사람은 그렇지 않은 사람에 비해서 새로운 정치적 이슈를 접할 때 자신의 의견을 표현하려는 의지를 더 가질 수 있다고 볼 수 있다. 그러한 기본권 이외에도 다른 정치 정보들을 얻게 되면 그와 관련된 기타 다양한 정보를 접하는 통로를 알 수 있으며 그에 따라 자신의 의사를 표출할 기회를 더 가질 수 있다는 것이다(Kuhin and Yamamoto 2010).

정치사회화의 과정에서 형성된 개인의 정치적 효능감은 달라지지 않고 비교적 안정적인 것으로 간주되는데, 정치적 효능감에 대한 영향을 미치는 것에는 다양한 요인이 있다. 먼저, 교육 수준이 높을수록 정치적 효능감이 높다. 이는 앞서 얘기한 것처럼 다양한 정치 정보의 습득을 비롯한 정치사회화 과정과 관련이 있는 것으로, 교육 수준이 높아지면 정치적 지식이 많아지기 때문이다. 반면 나이가 많을수록 정치적 효능감은 낮다. 그리고 성별에 따라서는 여성이 남성보다 정치적 효능감이 높은 것으로 알려져 있다. 소득의 경우에는 개인의 소득이 높을수록 정치적 효능감이 높지만 소득 불평등도가 높아질수록 정치적 효능감은 낮아진다.

물론 개인의 정치적 효능감이 늘 고정적인 것만은 아니다. 정치참여의 경험에서 자신이 원하는 결과를 얻었을 경우 정치적 효능감이 높아진다. 예를 들어 자신이 지지하는 후보가 당선되는 경험을 하였다거나 정부민원을 통해 자신의 요구를 관철시킨 경험 등은 정치적 효능감을 높인다(Valentino et al. 2009; Madsen 1987; Finkel 1985). 이처럼 자신의 뜻을 나타내고 원하는 결과를 얻은 경험은 자신의 행동이 어떤 문제에 영향을 미칠 수 있다는 믿음, 즉 정치적 효능감으로 자리 잡는다는 사실을 의미한다.

높은 정치적 효능감은 어떤 정치적 행동으로 이어지는가?

정치적 효능감의 차이는 정치참여의 적극성에 영향을 미친다. 가장 관심을 갖고 볼 전통적인 정치참여의 유형은 선거참여이다. 정치 과정의 일상적 순환 중 중요한 부분을 차지하는 선거에서 개인의 투표참여는 필수적이다. 투표권을 갖는 모든 사람이 선거에 참여할 때 투입과 산출의 정치 과정이 순조롭게 운영되기 때문이다.

만약 자신의 투표를 통해서 정치사회적 변화를 기대할 수 없다고 생각한다면, 즉 정치적 효능감이 낮은 사람들은 투표에 참여하지 않을 것이다. 자신의 한 표가 선거 결과에 중대하고 결정적인 영향을 미칠 것이라는 최소한의 기대와 믿음은 사람들을 투표에 참여하게 한다. 그러나 자신이 선거에 참여한다고 하더라도 그 한 표가 선거 결과에 영향을 미치지 않는다고 생각한다면 사람들은 투표장에 나서지 않을 것이다. 선거는 정치적 효능감이 낮은 사람들에게 자신과는 거리가 먼, 그저 국민의 일부에 속하는 정치인들만의 일로 여겨져 자신의 한 표가 가치 없다고 생각하게 되며 선거 이외의 다른 정치참여에도 소극적인 태도를 보이게 된다는 것이다 (Abramson and Aldrich 1982; Rosenstone and Hansen 1993).

정치적 효능감이 전반적으로 낮아진다는 것은 개개인의 소극적 태도 자체의 문제에 머무는 것이 아니라 정치 전반의 비정상적 흐름으로 바뀔 수 있다는 데 더 큰 문제가 있다. 예를 들어 정치적 효능감이 낮은 사람들이 많아지면 정당정치도 잘 운영되지 않는다. 왜냐하면 정치적 효능감이 낮아지면 민주주의의 중요한 정치적 행위자인 정당에 대한 태도도 소극적으로 변하기 때문이다. 자신의 의견이 반영될 수 있다고 믿지 않는 사람, 즉 정치적 효능감이 낮은 사람이 정당을 통해서 자신의 정치적 의견을 표출할 리가 없을 뿐만 아니라 정당 활동을 통해서 정치적 변화를 기대할 믿음도 없기 때문이다. 그에 따라 정치적 효능감의 수준이 낮아지면 정당 일체감도 낮아지게 되며 그 결과는 정당 지도부를 비롯한 소수의 전횡에 따라 정당이 운영되는 정당정치의 저발전으로 이어지게 된다.

개개인의 정치적 태도는 개인의 문제에 머무는 것이 아니라 정치 체계 전반의 문제라고 한다면 정치적 효능감의 전반적 수준은 중요한 정치적 문제가 될 수 있다. 누군가가 투표에 참여하거나, 집회 또는 시위에 참여하는 것은 말 그대로 개인의 선택일 수 있다. 하지만 자신의 정치참여가 어떤 정치사회적 변화로 이어지지 않는다는 무력감은 정치적 불만으로 누적되고 팽배해질 수 있다. 선거를 비롯한 각종 정치참여의 통로를 통해서 자신의 의사를 표출하면 그것이 어떤 성과를 거둘 것이라는 믿음은 적어도 정치적 불만을 정치 체계 내에서 해소할 수 있는 여지를 갖게 하지만, 그렇지 않다면 정치적 불만의 팽배는 정치적 불안을 야기할 수 있다. 이러한 관점에서 정치적 효능감은 개인을 포함한 정치 체계 전반의 발전과 안정성을 보여 주는 중요한 잣대로 볼 수 있다.

03

정당의 시민정치 교육과 정치참여

한정훈 · 서울대학교

들어가며

최근 대중매체를 통해 한국의 대의민주주의가 위기라는 주장을 빈번히 들을 수 있다. 한국 정치가 국민의 대표 기관인 국회를 중심으로 이루어지지 못하고 '거리의 정치', '국회 밖의 투쟁의 정치'가 중심을 이루고 있다는 것이다. 국민을 거리로 나서게 만들었던 이슈들, 즉 2008년 미국산 소고기 수입 반대 촛불시위부터 시작하여 미디어법 강행 처리 반대, 4대강 예산 처리 반대, 한미자유무역협정 비준 무효화, 국정원 불법 대선 개입 의혹, 세월호 특별법 문제, 그리고 2016년 말부터 진행된 박근혜 대통령 탄핵 촉구 집회까지 거리로 나간 국민들의 목소리가 이를 뒷받침하고 있다. 이 과정에서 국민들의 의견을 수렴하고, 수렴된 의견을 정책에 반영해야 하는 국회의 기능이 의문시되고 있으며, 그 결과 대의민주주의에 대한 믿음 역시 약화되고 있다. 다수의 국민이 거리의 정치에 직접 참여하여 의견을 제시하는 반면, 또 다른 다수의 국민들의 의견과 선호는 간과되어 수렴되지 못하는 것이다.

현대 한국 사회 내 대의민주주의 위기론의 핵심은 국민의 선호와 정부 정책을 매개하는 '정당'의 기능이 미비하다는 데 있다. 정부 보조금이 정당의 주요 재원이 되면서 각 정당은 회비를 내는 정당원을 동원해야 하는 유인이 감소하였다. 또한 각 정당의 풀뿌리 지역조직의 역할을 수행하였던 지구당이 2004년 이후 폐지되면서 각 정당의 관계자가 일상적으로 국민들을 접촉할 수 있는 경로가 사라진 상황이다. 선거 시기에만 반짝 국민들의 표심에 관심을 쏟는 듯하지만 이 역시 각 정당의 정책적 입장과 국민들의 정책적 선호에 근거한 탄탄한 관계와는 거리가 멀다. 오히려 정당은 선거 국면에 등장하는 주요 현안을 중심으로 표 몰이에 몰두하는 경향이 강하다. 국민들이 자신의 정책적 선호를 충분히 발현하도록 기회를 제공하고, 그렇게 발현된 선호를 수렴하는 정당의 기능이 약해지면서 한국 사회 내 대의민주주의 위기론이 강화되고 있는 것이다.

그러나 사실 현대 대의민주주의 위기론은 한국 사회의 문제만은 아니다. 극우 정당들의 대두 및 정치적으로 극단적 입장에 대한 선호의 증가는 유럽 및 미국 사회에서도 일부 목격된다. 그럼에도 불구하고 유독 한국의 대의민주주의 위기론이 최근 주목을 받는 이유는 무엇인가? 이에 대한 해답은 다양한 측면에서 찾아볼 수 있다. 그중에서도 이 글에서는 정당이 수행하는 시민정치 교육의 부재라는 측면에서 해답을 제시하고자 한다. 다시 말해 정당의 시민정치 교육 기능이 상대적으로 약해진 국민과 정당의 밀접한 관계를 복원하고, 그에 따라 일시적이고 충동적인 정치참여가 아닌 안정적이고 지속적인 정치참여가 가능할 수 있음을 보이고자 한다. 이를 위해 이 글에서는 오스트리아의 레너협회(Renner Institute)의 활동을 소개하고, 그러한 활동으로부터 한국 사회가 무엇을 배울 수 있는지를 살펴보고자 한다.

정당에 의한 시민정치 교육은
시민들의 정치참여에 어떠한 영향을 미치나?

서구 사회의 정당에 관한 이론에 의하면 정당에 의한 시민정치 교육은 세 가지 측면에서 시민들의 정치참여와 대의민주주의 발전에 긍정적인 영향을 미친다고 주장한다. 첫째, 시민정치 교육은 시민들에게 직접적인 영향력을 발휘할 수 있다. 시민들은 정당의 시민정치 교육을 통해 정치참여에 대한 호소를 접할 수 있는 기회를 지닌다. 또한 시민정치 교육에 관여하는 정당 지도자들로부터 정치참여의 필요성에 대한 강력한 신호를 접할 수 있다. 이와 같은 정치참여에 대한 호소와 신호가 시민들의 정치참여에 직접적인 영향력을 미친다는 것이다(Finkel and Opp 1991; McAdam and Paulsen 1993; Rosenstone and Hansen 1993; Finkel

2002).

둘째, 시민정치 교육은 우회적으로 시민들의 정치참여에 긍정적인 영향력을 발휘할 수 있다. 다시 말해, 정당의 시민정치 교육은 정치참여를 직접적으로 호소하는 것 이외에 시민들에게 민주적 가치 및 태도를 발전시키는 데 기여한다. 시민들의 정치참여는 그러한 가치와 태도에서 기인할 수 있다는 것이다(Putnam 1993; Verba et al. 1995).

셋째, 정당의 시민정치 교육의 효과는 교육 대상에 따라 달라질 수 있다는 것이다. 시민정치 교육이 모든 시민에게 유사한 영향력을 지니는 것이 아니라 시민 개개인의 경험 및 인구통계학적 속성에 따라 교육의 효과가 다를 수 있다는 것이다. 버바와 니(Verba and Nie 1972)는 시민정치 교육에 적극적으로 참여하는 시민들이 정치에 더욱 적극적으로 참여한다는 사실을 보였다. 일견 당연한 듯이 보이는 시민 교육 효과에 관한 이와 같은 이론은 시민정치 교육이 실제 정치참여와 민주주의 발전에 긍정적인 효과를 지닌다는 것을 명확히 하고 있다는 점에서 의의를 찾을 수 있다.

정당에 의한 시민정치 교육의 사례는 어떠한 것들이 있는가?

서구 사회는 위와 같이 긍정적인 효과를 지닌 시민정치 교육을 다양한 방식을 통해 수행한다. 우선 미국, 캐나다, 일본 등은 정당이 시민정치 교육 기능을 담당하지 않는다. 이들은 후보자 중심의 선거 및 개별 의원 중심의 정당정치가 이루어지는 경향이 강한 사례로써 정당의 기능이 협소한 대표적인 사례이다. 이에 반해 독일, 프랑스, 스페인, 오스트리아 등은 정당이 시민정치 교육 기능을 담당하는 사례이다. 이들 유럽 국가는 후보자 중심의 선거보다는 정당 중심의 선거, 개별 의원 중심의 정당정치보다는 정당을 하나의 단위로 한 협력과 갈등이 대표적인 사례에 해당한다. 이 가운데 독일과 오스트리아는 정당과 밀접한 관련성을 지닌 정치 재단이 시민정치 교육 기능을 수행하고 있다. 특히 독일 기독교민주당과 긴밀한 관계를 맺고 있는 콘라트아데나워 재단, 사회민주당의 프리드리히에베르트 재단은 한국 사회에 상대적으로 소개가 잘 되어 있는 편이다. 여기서는 오스트리아의 정치 재단이라고 할 수 있는 레너협회의 시민정치 교육 기능을 소개함으로써 정치재단에 의한 시민정치 교육의 사례에 대한 인식을 확대하고자 한다. 특히 레너협회의 창설 배경, 활동 내용과 성과를 중심으로 살펴보고자 한다.

오스트리아의 레너협회는 1972년 오스트리아 사회민주당(이하 사민당)이 설립한 정치 재단이다. 한국 사회에서는 생소한 이와 같은 정치 재단은 정부로부터 자금을 지원받고 시민정치 교육을 시행하는 기구이다. 특히 법적·재정적으로 사민당으로부터 독립되어 있어 정당의 부속기구에 속하는 한국의 정책연구소와는 차이가 크다. 1972년 마련된 「정치 교육과 언론의 진흥을 위한 법안」이 레너협회와 같이 각 정당이 시민정치 교육을 담당하는 재단을 창설하는 계기가 되었으며, 현재는 1984년 수정된 법안에 따라 규율되고 있다. 법안에 따르면 시민정치 교육 재단을 설립하고 정부의 재정 지원을 받을 수 있는 정당은 의회 내 5석 이상의 의석을 지닌 정당에 한정된다. 오스트리아 의회의 총 의석이 183석임을 고려할 때, 2.7% 이상의 의석을 차지한 정당만이 정부로부터 시민정치 교육 재단을 설립하고 지원받을 수 있다. 한국의 경우 대략 8석 이상의 의석을 지닌 정당에 해당한다. 「정치 교육과 언론의 진흥을 위한 법안」의 제1조 2항은 시민정치 교육을 담당하는 기구의 목적을 명시적으로 제시하고 있다. 이에 따르면 사적인 용도 또는 정당의 또 다른 정치 활동 등에 재단의 정부 지원금을 지출할 수 없도록 하고 있다. 2016년을 기준으로 레너협회가 정부로부터 지원받은 금액은 한화 36억 원 정도에 해당한다. 순수한 시민정치 교육을 위해 상당한 지원이 이루어지고 있는 것이다.

레너협회가 시행하는 시민정치 교육의 내용이 객관적으로 시민들의 정치적 소양을 키우는 데 있는 것인지 아니면 정당의 정책적 입장을 강화하는 데 있는 것인지에 대해서는 논쟁적이다. 2004년 독일 사민당의 원내총무였던 도리스 부레스(Doris Bures)에 따르면, 오스트리아 사민당의 정치 엘리트 및 사민당 출신 의원들 가운데 레너협회의 시민정치 교육 과정을 수료하지 않은 이들은 거의 없다. 이는 사민당이 레너협회의 활동을 통해 사민당의 정책적 입장 등을 교육시킬 뿐 아니라 사민당 지지자들을 중심으로 정치 엘리트들을 충원하고 있음을 함의한다. 그러나 경쟁 정당들 각각이 유사한 시민정치 교육 재단을 활용하고 있다는 점에서 각 재단의 정치적 편향이 크게 문제될 것으로 보이지는 않는다.

레너협회의 교육 대상은 1972년 최초의 창설 이후 확대되는 경향을 보인다. 설립 초기에는 오스트리아 근현대 정치 발전의 역사에 초점을 맞추었다가 사민주의 성향의 교육과 개념이 강화되었으며, 여성과 청소년에 대한 교육으로 그 내용이 확대되어 왔다. 특히 오스트리아 연방을 구성하는 9개 주의 수요에 따라 여성에 대한 정치 교육 프로그램 또는 청소년을 대상으로 한 정치 교육 프로그램 등이 설치, 운영되고 있다. 선거에서 승리 여부에 따라 강조되는 교육 내용이 시기적으로 차이를 보임에도 불구하고 여성이나 청소년, 정치 엘리트의 충원을 위한 정치 교육 과정이 꾸준히 이루어지고 있다는 특징을 보인다.

시민정치 교육을 위한 한국 사회의 정당의 역할은 어떠한가?

위와 같이 정당에 의한 시민정치 교육 활동의 특징은 다음과 같이 요약될 수 있다. 첫째, 정당의 정치적 활동과는 별개로 정당으로부터 법적·재정적 독립성을 지니고 시민정치 교육 기능을 수행하는 기구가 일찍부터 존재해 왔다는 점이다. 특히 이는 정당으로부터 시민들의 이탈현상이 감지되기 시작했던 1970년대를 배경으로 등장했다. 둘째, 집권 여부에 따라 재단의 활동 내용이 일부 차이를 보임에도 불구하고, 일정한 시민 집단과의 연계성을 강화하기 위한 활동이 꾸준히 이루어진다는 점이다. 정당 소속원들의 엘리트 교육 과정, 여성과 청소년 등 정치 활동과 관련하여 취약계층에 대한 교육이 지속적일 뿐 아니라 각 지역의 특징에 맞게 교육 대상의 초점도 달리하고 있다. 셋째, 시민정치 교육 재단을 통해 정부가 지원하는 재원이 지출되어야 하는 분야를 법적·명시적으로 규정함으로써 사적 이익을 취하거나 기타 정당 활동과 관련된 지출이 이루어지지 않도록 방지하고 있다는 점이다. 이는 시민정치 교육 기능이 안정적이고 지속적으로 이루어지는 데 도움이 될 뿐 아니라 시민정치 교육의 장기적인 전망을 성취하는 데에도 도움이 되고 있다. 위에서 언급하였듯이 이와 같은 시민정치 교육은 각 정당이 정당의 정치 엘리트의 충원과 정치 후속세대의 양성, 그리고 여성과 같은 정치 소외 계층에 대한 교육과 그를 통한 정치 참여에 효과적인 결과를 낳고 있는 것이다.

위와 같은 서구의 경험과 비교할 때 한국 사회 내 시민정치 교육 및 정치참여는 다음과 같은 몇 가지 한계를 보인다. 첫째, 한국 사회는 정당에 의한 시민정치 교육 과정이 매우 미비하다. 이와 같은 특징은 한국 사회의 정치 환경에서 기인하는 것으로 보인다. 한국의 선거 과정은 정책 선거가 중심이 되지 못하고 인물 또는 일시적인 현안이 선거 경쟁의 주요한 요인이 되고 있다. 그 결과 시민들과 정당과의 긴밀한 연대가 형성되거나 축적되지 못하였다. 반면, 특정 정치인의 정당 이탈 또는 새로운 현안의 등장에 따라 과거의 경험이 미래 발전을 위한 자원으로 활용되지 못하고 시간 속에 묻히는 경향이 강하다. 한국 사회 내 정당정치가 이러한 특징을 보이면서 발전함에 따라 정당 내적으로 장기간의 정책적 선호를 교육시키고, 발전시킬 유인이 매우 낮다. 정당이 시민정치 교육에 큰 관심을 기울이지 않는 이유가 여기에 있는 것이다.

둘째, 각 정당의 정책연구소 역시 단기적인 선거 전략을 수립하는 데 역량을 집중한다. 한국 사회 역시 「정당법」, 「정치자금법」 등을 통해 각 정당이 정책연구소를 설립하고 정책을 개발하는 데 역량을 집중할 수 있도록 정부가 지원하고 있다. 그러나 현실적으로 각 정당의 정책연구소는 선거를 위한 단기적인 도구로 기능하고 있다. 시민정치 교육 기능은 거의 없거나, 포럼 수준에 머물러 있어 매우 협소하다고 할 수 있다. 또한 정책연구소는 정치에 소외된 청소년층 및 여성 유권자를 동원하려는 기능을 수행하지 않는다. 또한 정책연구소가 정당 하위기구로 설치되고 있기 때문에 정당 지도자의 선호에 따라 정책연구소의 활동에 제약을 받기도 한다. 정책연구소가 원래의 목적 실현에 실패하고, 선거 경쟁 및 정당 지도자의 도구로써의 기능만을 수행하고 있는 것이다.

글을 맺으며: 정당에 의한 시민정치 교육과
그를 통한 정치참여의 증대를 위해 무엇을 할 것인가?

정당의 시민정치 교육 기능은 두 가지 측면에서 정당정치의 발전에 기여한다. 첫째, 정당 내적으로 정책정당화에 기여한다. 정당의 시민정치 교육은 시민정치 교육을 위한 프로그램의 개발 및 교육과정에서의 활발한 논의 과정을 통해 다양한 정책적 대안을 검토한다. 또한 그로부터 도출된 정책적 대안들을 현실 정치 경쟁에 활용할 수 있다. 이러한 과정에서 정당은 내적으로 자신들의 정책적 입장을 명확히 할 수 있을 뿐 아니라 그러한 정책적 입장을 중심으로 미래 정치 지도자와 신진 정치 활동가들을 연결함으로써 정당 규율을 강화해 나갈 수 있다.

둘째, 정당의 시민정치 교육 기능은 정당 외적으로 유권자의 정치적 참여를 확대하는 데 기여한다. 일반적으로 정당의 시민정치 교육 기능은 일반 대중에게 공개되어 운영된다. 이러한 공개성은 일부 유권자 가운데 특정 정당의 정책적 입장을 알고자 하는 욕구를 해소하는 데 도움이 될 뿐 아니라 특정 정당에 대한 지지 강도가 낮은 유권자들을 정치 교육을 통해 지지 강도를 강화하는 데 기여한다. 다시 말해 정당정치의 외곽에서 구경꾼으로 머물러 있던 유권자들을 정당정치 내부에 흡수할 수 있는 기회를 마련할 뿐 아니라 그러한 기회를 통해 실제 정치적 참여의 확대 및 정당에 대한 지지를 강화할 수 있다.

짧지 않은 한국 사회 내 정당정치의 역사를 고려할 때, 한국의 정당 역시 위와 같은 시민정치 교육의 순기능을 활용함으로써 정당정치의 발전, 정치참여의 확대를 꾀할 시점이다. 최근 몇몇 한국 학자들 역시 이러한 기능의 필요성을 역설하고 있다(한의석 2015; 서현진·임유진 2016; 김형준·김도종 2011).

오스트리아 레너협회의 경험으로 미루어 보아, 한국 정당들이 추구해야 할 변화는 다음과 같다. 첫째, 정책연구소의 기능 정상화이다. 정책연구소가 정책 개발이라는 본연의 기능에 집중할 수 있기 위해서는 다양한 정책적 선호에 귀를 열어 두어야 한다. 그리고 이 과정에서 다양한 시민들의 선호를 수렴할 수 있는 방안이 마련될 수 있을 것으로 보인다. 둘째, 정책연구소 재정의 독립이다. 현재 한국의 정책연구소 재정은 정당 보조금의 일부를 법적으로 정책연구소에 할당하도록 하는 규정에 의존한다. 따라서 구체적으로 정책연구소의 재정이 어떤 방향으로 쓰여야 할 것인지는 각 정당이 결정한다. 그 결과 정당 지도부의 정책적 필요와 선호에 따라 정책연구소의 활동이 종속되는 경향이 강하다. 이를 해결하기 위해 현재의 규정을 강화하여 정책연구소의 회계가 독립적으로 운영될 방안을 강구할 필요가 있다. 셋째, 정책연구소의 기능 가운데 시민정치 교육 학교 및 프로그램 설치를 의무화하는 것이다. 사실 각 정당이 스스로 시민정치 교육의 필요성에 동의하고 그에 따라 시민정치 교육 기능을 강화해 나가는 것이 가장 자연스러운 방향이다. 그러나 현재 한국 정치 경쟁의 구조가 단기적 선거 경쟁에 집중되는 경향을 고려할 때, 한시적으로나마 위와 같은 시민정치 교육 프로그램의 강제화를 통해 장기적으로 시민정치 교육 기능이 지속될 수 있는 기틀을 마련할 필요가 있을 것으로 보인다.

국민의 참여가 민주주의를 살린다

04

주민소환과 주민발의
그리고 직접민주주의

이재묵 · 한국외국어대학교

우리는 민주주의의 기원을 이야기할 때 종종 고대 그리스의 도시 국가를 언급하곤 한다. 그러나 고대 그리스 또는 아테네의 직접민주주의는 분명 우리가 운용하고 있는 현대의 민주주의와는 다른 모습이었을 것이다. 그리스 도시 국가와 비교해 영토나 인구 면에서 방대한 성장을 경험한 대부분의 근대 국가들에서 직접민주주의의 운영은 점차 어려워지게 되었고, 그 흔적들은 점차 종적을 감추게 된 것이다. 그리고 대의제에 기반한 간접민주주의가 근대 국가들에 보다 더 적합한 일반적 모델로 등장하게 된다. 이렇게 부상하게 된 현대의 대의제 민주주의는 본래 선거를 통해 유권자들이 그들의 권한을 대표자에게 위임하고 선출된 대표자는 그들을 뽑아 준 시민들에 대해 정치적 책임을 다하는 원칙에 입각해 작동한다. 따라서 대표자에 대한 권한의 위임은 자연스럽게 주인-대리인 문제(principal-agent problem)를 유발할 수 있고, 유권자들은 그들의 정치적 이해를 충실하게 대변하지 못하거나 기대에 부응하지 못하는 정치인들에 대해 정치적 책임을 묻고자 한다. 시민들이 대표자에게 책임을 물을 수 있는 가장 손쉬운 방법은 다음 선거에서 그 정치인이나 정당에게 투표하지 않는 것이나, 이러한 주기적 선거를 통한 정치적 책임의 부괴는 선출직 대표자가 정해진 임기를 다 채울 때까지 기다려야 한다는 한계를 지닌다. 그러나 때때로 정치인들은 재임 중에 중대한 부정부패나 사회적 비리를 저지를 수 있고, 이런 경우 유권자들은 임기 중에라도 그러한 부패 정치인들을 처벌하거나 통제할 수 있는 직접적 수단을 찾고자 한다.

주민소환제

주민소환제(recall election, representative recall)는 시민들이 선출된 공직자를 임기 중에 해임시킬 수 있는 대표적인 직접민주주의의 수단이라고 할 수 있다. 우리나라의 경우 2006년 5월 「주민소환에 관한 법률」이 제정되어 2007년 7월 1일부터 시행되었으며, 이 법에 따라 지방자치단체장과 투표로 선출된 지방의회 의원은 임기 중에도 일정한 요건을 갖추게 되면 소환될 수 있다.[1] 중앙선거관리위원회에 따르면, 2007년 주민소환

국민의 참여가 민주주의를 살린다

제도가 도입된 이래, 2016년 6월까지 약 10년 동안 광역 및 기초단체장과 지방의회 의원 등 지방공직자들을 대상으로 주민소환이 실시 또는 추진된 전체 사례는 81건(연평균 9건)에 이른다. 그러나 이러한 주민소환 시도가 실제 투표로 이어진 것은 오직 8건에 지나지 않고, 추진 도중 철회나 요건 미충족 등으로 미투표 종결로 끝난 경우가 71건에 이른다(김정현 외 2016).[2] 주민소환 투표에까지 이른 8건 중에서 최종적으로 소환 판정을 받은 경우는 오직 두 건에 그치는데, 이들은 하남시 기초의원들로 광역화장장을 유치하겠다고 밝힌 김황식 당시 하남시장에 동조해 김 시장과 함께 총 3명의 시의원들이 주민소환 대상이 됐다가 이 중 두 명이 최종 소환 판정을 받았다(2007년 12월 12일 투표). 주지하다시피 하남시 소환 투표에서도 기초단체장(하남시장)은 살아남았으며, 지금까지 교육감을 포함해 광역 또는 기초단체장의 주민소환이 확정된 사례는 존재하지 않는다.[3]

이처럼 주민소환제의 존재에도 불구하고 까다로운 기준 요건으로 인해

1. 참고로 현행 「주민소환에 관한 법률」에 따르면, 특별시장·광역시장·도지사 등 광역단체장은 해당 지방자치단체의 주민소환 투표 청구권자 총수의 10% 이상의 서명이 있어야 소환을 청구할 수 있고, 시장·군수 및 자치구의 구청장 등 기초단체장은 15% 이상, 그리고 광역 및 기초의회 의원은 청구권자 총수의 20% 이상의 서명을 받아야 관할 선거관리위원회에 소환을 청구할 수 있다. 위의 주민소환 청구 요건을 갖추어 절차가 발표되면 주민소환 투표가 실시되며, 이때 해당 지방자치단체 유권자 총수의 3분의 1 이상이 투표하고 유효투표 총수의 과반수가 찬성하면 선출직 공직자의 소환, 즉 임기 중 해임이 확정된다.
2. 조사 당시 전체 81건 중 나머지 두 건은(71건 미투표 종결, 투표 실시 8건) 진행 중인 사례로 분류되었는데, 무상급식 지원 중단 등으로 주민소환 대상이 된 홍준표 경남도지사에 대한 소환 건은 청구 요건(청구 서명) 미비로 결국 무산되었으며, 성추행 후 금품무마 사건으로 역시 주민소환 대상이 된 서장원 포천시장에 대한 소환 건도 역시 청구 요건 미비로 무산되었다.
3. 참고로 2007년부터 2016년 6월 1일까지 주민소환 대상이 되었던 지방직 선출직(교육감 포함)들을 유형별로 분류해 보면, 광역자치단체장(5인), 기초자치단체장(33인), 교육감(2인), 광역의회 의원(3인), 기초의회 의원(39인) 등이며, 널리 알려진 광역단체장으로는 오세훈 서울시장(무상급식 주민투표 강행 사유), 김태환 제주도지사(제주 해군기지 건설 관련), 홍준표 경남도지사(무상급식 지원 중단) 등이 있다.

법률이 사실상 유명무실하다는 비판이 제기되기도 한다. 이런 배경하에서 2017년 2월 일부 까다로운 주민소환 요건을 완화하는 「주민소환에 관한 법률 일부개정법률안(박주민 의원 외)」이 국회에서 발의되기도 하였는데, 이 개정안은 소환 투표 청구에 필요한 서명인 수를 현행 총 유권자 수 기준에서 직전 지방 선거의 평균 투표율의 15%로 낮추고, 투표 청구활동의 제한을 완화하며, 해당 지역 유권자의 1/3 이상이 투표해야 개표할 수 있는 현행 규정을 제거하는 등의 개혁안들을 포함하고 있다.

한편, 우리나라에서 현재 법률적으로 국회의원을 임기 중 유권자가 해임하거나 소환할 수 있는 제도는 존재하지 않는다. 이와 관련해 2017년 2월 현재 국회 안전행정위원회에 지역구민들이 국회의원들을 해임할 수 있는 제정 법안이 세 건 계류 중인데, 더불어민주당 김병욱 의원과 바른정당 황영철 의원이 대표 각각 제출한 「국회의원의 국민소환에 관한 법률안」, 그리고 더불어민주당 박주민 의원이 발의한 「국민소환에 관한 법률안」 등이 그것이다(헤럴드경제, 2017년 2월 26일자). 이들 법안들은 국회의원이 헌법을 위반하거나 직권 남용, 심각한 위법 또는 불법 행위, 품위에 맞지 않은 언행 등으로 사회적 물의를 일으킬 경우 임기 중이라도 소환 투표를 통해 해임할 수 있는 규정들을 포함하고 있다.

한편, 우리보다 오랜 주민소환제의 역사를 갖고 있는 미국의 경우에도 연방 단위에서 선출된 공직자에 대한 소환제도는 허용하고 있지 않으며, 소환 투표는 주로 주정부 또는 지방정부 단위에서 이루어져 왔다(윤종빈 2010; 하혜영·이상팔 2012). 참고로 미국에서 최초로 주민소환제를 채택한 지방 정부는 로스앤젤레스(1903년)이며 주 정부 차원에서 최초로 채택한 주는 오리건(1908년)이다. 2011년 7월 기준으로 미국에서 주 정부 단위에서 주민소환을 허용하는 주는 알래스카, 애리조나, 캘리포니아, 콜로라도, 조지아, 아이다호, 일리노이, 캔자스, 루이지애나, 미시간, 미네소타, 몬태나, 네바다, 뉴저지, 노스다코타, 오리건, 로드아일랜드, 워싱턴, 위스콘신 등 19개가 있으며, 그 밖에 시(city), 군(county) 등 하위 단위에서 지방직 공무원들을 대상으로 주민소환을 허용하는 주는 29개에 이른다(하혜영·이상팔 2012, 34). 미국에서 주민소환을 통해 물러난 최초의 주지사는 1921년의 린 프레지어(Lynn J. Frazier)로 당시 노스다코타 주지사였으며, 가장 대표적 해임 사례로는 비교적 최근에 소환된 바 있는 그레이 데이비스(Gray Davis) 캘리포니아 주지사가 있다. 캘리포니아 주에서 민주당의 높은 인기를 기반으로 1998년 당선되고, 2002년 재선되었던 데이비스 주지사는 주의 재정 적자 및 경제 위기 문제와 전력난 등의 이유로 2003년 소환되었고, 투표 결과 소환이 확정되어 주지사직을 상실하였으며, 동시에 공화당의 아널드 슈워제네거(Arnold A. Schwarzenegger)가 대체후보로 주지사에 당선되었다.[4]

주민발의

주민소환이 재임 중인 선출직 공무원에 대한 해임을 요구하는 직접민주

---

4. 참고로 캘리포니아주의 경우 주지사 소환 시 행정 공백을 최소화하기 위해 소환 투표와 동시에 승계 선거를 실시한다. 캘리포니아 외에 오리건, 조지아 등 6개 주도 소환 투표와 승계 선거를 동시 실시하고 있다(윤종빈 2010, 93).

주의 제도라면, 주민발의(initiative)는 시민이 직접 법률안을 제안하고 제정하는 과정에 참여하는 일종의 직접입법제도(direct legislation)라고 할 수 있다. 최근 정치권을 중심으로 일정한 요건을 갖추는 경우에 한해 국민들의 직접 입법을 허용하는 국민발의제(또는 국민발안제) 도입이 2017년 19대 대선 공약으로 심심찮게 거론되고 있다. 참고로 우리나라는 1954년 2차 개헌 당시 국회의원 선거권자 50만 명 이상이 찬성하면 법률안을 제안할 수 있도록 국민발안제가 도입되었다가 1972년 유신개헌 당시 폐지된 바 있다. 현재의 주민발의는 지방자치법 제13조 3항에 의거 일종의 청구권 형식으로 조례의 제정 및 개폐 과정에 일반 시민들의 참여를 허용하는 정도로만 국한해서 명시되어 있을 따름이다. 보다 구체적으로 현행 제도에 따르면, 인구 50만 명 이상의 대도시는 19세 이상 주민 총수의 100분의 1 이상, 그리고 그 밖의 시·군·자치구는 50분의 1 이상의 서명을 받아 지자체장에게 조례 제정이나 개폐를 청구할 수 있는데, 청구가 이루어진 경우에도 지방의회를 통과해야만 조례가 효력을 얻기 때문에 우리의 현행 주민입법 제도는 발의 제도라기 보다는 청구 제도로 불리는 게 더 적합하다는 평가도 존재한다(김영기 2008, 136). 즉, 시민에 의한 직접적 법률 제정 또는 직접 입법이라는 제도의 본래 취지에 부합하기 위해서 주민발의는 미국이나 스위스 등의 해외 사례와 같이 주민에 의한 입법 청원에 이어 실제 입법 및 투표 과정에서도 주민들의 참여가 허용될 필요가 있다.

주민발의는 입법 과정에서 의회의 간섭 정도에 따라 직접 주민발의와 간접 주민발의로 나눌 수 있다(김영기 2008, 212). 여기서 직접 주민발의는 시민들이 정해진 절차나 청구 요건에 입각해 특정한 법률안을 직접 발의한 후, 이어서 주민투표(referendum)를 거쳐 조례나 법령의 제정 여부를 결정하는 가장 순수한 형태의 시민 입법이라 할 수 있다. 반면에 간접 주민발의는 유권자들이 기초하여 발의한 법률안에 대해 의회의 심의를 거치는 경우로, 이 경우에 만약 의회가 발의안을 받아들이지 않으면 유권자들은 주민투표를 통해 조례 제정을 완결시킬 수 있다. 그러나 현행 한국의 주민발의제도하에서는 일정 청구 요건을 갖춘 경우에 한해 주민발의로 조례안이 지방의회에 제출될 수 있으나, 만약 의회가 조례안을 부결시켰을 경우 주민투표의 가능성은 열려 있지 않다. 즉, 발의된 조례안에 대한 의결권은 지방의회에 전적으로 달려 있고 주민에 의한 직접 투표단계 또한 부재하다는 것이다. 따라서 현행 한국의 제도는 엄밀한 의미에서 본다면 위에 제시된 주민발의의 두 유형 중 어느 경우에도 해당하지 않는다.

주민발의제와 관련해 우리보다 오랜 역사를 갖고 있는 미국의 경우 2016년 현재 애리조나, 아칸소, 캘리포니아, 콜로라도, 미주리, 몬태나, 네브래스카, 오클라호마, 오리건, 사우스다코타, 워싱턴 등 11개 주들이 주민에 의한 발의와 투표를 모두 허용하는 직접 발안제도를 운용하고 있다. 그리고 미시간, 네바다, 오하이오, 매사추세츠, 알래스카, 플로리다, 메인, 유타 등 8개 주들은 간접 발안제도를 채택하고 있다(김민배 2016). 물론 후자의 그룹에서도 만약 유권자에 의해 발의된 법안이 의회에 의해 부결될 경우 주민투표를 통해 법률이 통과될 수 있다. 한편, 직접민주주의의 대명사로 종종 거론되는 스위스에서는 다른 나라들에 비해 국민발의제도가 활발히 운용되고 있는데, 스위스에서는 유권자 10만 명 이상의 서명이 있으면 연방헌법 전면 또는 부분 개정을 의회에 청구할 수 있으며, 5만 명

이상의 서명이 있으면 의회에 제정한 법률도 국민투표로 회부할 수 있다.

정치참여와 직접민주주의

　지금까지 살펴본 바와 같이 최근 우리 사회에는 제도권 정치에 대한 높은 불신과 함께 주민소환이나 주민투표 같은 다양한 직접민주주의 제도에 대한 수요가 증대하고 있다. 실제로 최근 촛불시위 참여자들을 대상으로 이루어진 한 조사에 따르면, 미래의 바람직한 민주주의 모형으로 참여자들은 '참여민주주의(537명, 43.7%)', '직접민주주의(137명, 11.1%)', 또는 '참여와 대의의 융합민주주의(482명, 39.2%)'를 뽑았는데 이는 주지하다시피 순수 '대의민주주의(74명, 6%)'에 대한 지지를 훌쩍 넘어서는 수치이다(장우영 2017). 이는 현재 한국 사회에서 소위 '광장민주주의'에 대한 관심이 높아지고 있는 현상과도 결코 무관하지 않다. 물론 현재와 같이 복잡성을 더해 가는 사회에서 직접민주주의가 대의제 민주주의의 완벽한 대안이 될 수는 없겠지만, 향후 간접민주주의제의 여러 문제점들을 보완하여 우리 사회에 민주주의를 한 단계 발전시키는 데 충분히 기여할 가능성은 존재한다. 즉, 다양한 직접민주주의 요소들의 도입은 현대 대의민주주의 체제가 내포하고 있는 취약점들을 보완하여 시민들의 민주주의 시스템 자체에 대한 만족도와 신뢰도를 회복하는 데 기여할 수 있을 것이다.

05

21세기형 정치참여

: 정당정치를 중심으로

이정진 · 국회입법조사처

정치에 참여할 수 있는 방법은?

최근의 촛불집회는 우리 국민들의 정치참여 수준을 크게 높이는 역할을 했다. 그간 많은 국민들은 정치권에 대한 불신이 높았고, 정치적 효능감이 낮아 사실상 정치에 무관심하거나 선거 기간에만 유권자로서 한 표를 행사할 뿐이었다. 하지만 박근혜 대통령 탄핵 과정에서 볼 수 있었던 촛불집회는 정치가 일상생활에 미치는 영향에 대해 인식하게 된 국민들이 정치적 결정 과정에 영향력을 행사하고자 직접행동에 나설 수 있음을 보여 주었다.

국민들이 정치에 참여할 수 있는 방법은 여러 가지이다. 가장 대표적인 것은 선거에 참여하는 것으로 자신이 지지하는 후보나 정당에 한 표를 행사하는 것이다. 현재 한국은 대통령, 국회의원, 지방자치단체장, 지방의회의원, 교육감 등을 선거로 선출하고 있다. 따라서 선거권을 가진 유권자라면 누구나 선거일에 자신이 지지하는 후보자 혹은 정당에게 투표함으로써 정치참여를 실현할 수 있다.

두 번째는 정당을 통한 정치참여이다. 정당은 정치적 입장을 공유하거나 정권 획득을 목표로 하는 사람들이 모인 단체로서 자신들이 주장하는 정책을 실현시키고자 노력하는 정치 집단이다. 정당은 자신의 정책을 실현시키기 위해 대통령 선거나 국회의원 선거, 지방자치단체장 선거 등에 정당을 대표하는 후보자를 추천하고 지원함으로써 선거 승리를 도모한다. 국민들은 자신과 정치적 입장이 같은 정당에 참여함으로써 보다 적극적인 정치참여를 할 수 있다. 정당의 정책결정 과정이나 후보자 선출 과정에 참여함으로써 자신이 지지하는 정치인이 선거에 입후보할 수 있도록 지원할 수 있으며, 보다 적극적으로는 자신이 직접 정당의 후보자로서 선거에 참여할 수도 있다.

세 번째는 주민소환이나 주민발의, 주민투표 등 제도화된 형태의 직접민주주의를 통해 정치에 참여하는 방안이다. 우리나라의 경우 전국 단위의 국민소환제나 국민발안제 등은 도입되지 않았지만, 지방자치단체 단위에서는 주민이 직접 조례 제정이나 폐지를 청구하거나(주민발의), 주민투표를 통해 지방자치단체장이나 지방의원을 해직시킬 수 있는 주민소환제가 도입되어 시행되고 있다. 또한 지방자치단체의 중요한 결정 사항에 대해 주민이 직접 투표로 결정하는 주민투표제도와 지방자치단체의 위법한 예산 집행에 대해 주민들이 감사를 청구하거나 소송을 제기할 수 있는 제도를 시행 중이다.[1]

끝으로 촛불집회의 사례에서처럼 집회나 시위 참여 등을 통해 국민들이 직접 자신들의 견해를 밝히는 직접행동 방식의 정치참여가 있다. 직접행동은 정부 혹은 국가에 대한 불신으로 인해 국민들이 특정 이슈를 중심으로 자신들의 의사를 공개적, 집단적으로 표출하는 행위이다. 2016년에서 2017년에 걸쳐 진행되었던 박근혜 대통령 탄핵 촉구 촛불집회가 대표적이며, 그 이전에는 미국산 소고기 수입 반대, 세월호 참사 진상 규명 등의 이슈를 중심으로 국민들의 정치참여가 이루어진 사례들이 있다.

정당을 통한 정치참여는 어떻게 이루어지는가?

앞에서 설명한 것처럼 정당은 정치 활동을 위해 모인 사람들의 집단으로, 정치적 신념이나 정책 방향을 공유하며, 공직 선거에 출마한 후보자들을 추천함으로써 현실 정치에서 자신들의 주장을 실현시키고자 한다. 슘페터나 젠다, 사르토리 등의 정치학자들은 정당을 "공공의 복리를 증진하고자 하는 사람들이 아니라… 정치 권력을 획득하기 위해 모인 사람들, 선

---

1. 주민발의와 주민소송은 「지방자치법」, 주민소환은 「주민소환에 관한 법률」, 주민투표는 「주민투표법」에서 관련 내용을 규정하고 있다.

거에 후보자를 내세우고 선거를 통해 후보자를 공직에 앉힐 수 있는 정치 집단"으로 규정하고 있다. 이처럼 정치 활동, 특히 선거를 통한 집권을 목적으로 모인 집단이라는 점에서 정당을 통한 정치참여는 대의민주주의 제도를 시행하고 있는 현대 국가에서 정치에 참여할 수 있는 가장 일반적인 형태의 정치참여라고 할 수 있다.

정당을 통한 정치참여는 특정 정당의 당원으로 가입함으로써 시작된다. 당원은 그 정당의 정치 이념에 동조하여 적극적으로 정당 활동에 참여하는 사람으로, 당원으로 가입하고 일정 금액의 당비를 내며, 정당의 정책결정 과정이나 후보자 추천 과정에 참여한다. 영국의 노동당(Labour Party)이나 독일의 사회민주당(Social Democratic Party) 등 전통적인 유럽의 정당에서는 주로 당원을 기반으로 정당 활동이 이루어졌다. 하지만 최근에는 당원으로 가입하는 사람들의 수가 줄면서 당원이 아닌 지지자들, 즉 적극적으로 당원으로 가입하지는 않지만 특정 정당의 정책 방향에 동조하고, 선거에서 그 정당의 후보를 선택하는 유권자들의 중요성이 점차 커지고 있다.

우리나라의 경우 정치적 중립성을 이유로 공무원과 교원의 정당 가입을 법으로 금지하고 있어서 당원 자격으로 정당정치에 참여하는 비율이 낮은 편이다. 또한 정당의 형성 과정에서 정치적 영향력이 있는 명망가들을 중심으로 정당의 창당이나 분당, 합당 등이 진행되는 사례들이 많아 정당에 대한 신뢰가 높지 않은 점도 당원 가입 등 적극적인 정당 활동을 낮추는 원인이 되었다. 이러한 점은 어린 시절부터 정당을 통한 정치 활동이 일상화되어 있는 서구 선진국들과 다른 점이라고 할 수 있다.

국민의 참여가 민주주의를 살린다

한편 정당정치에 참여하기 위해 반드시 당원으로 가입할 필요는 없다. 정당은 여론 수렴과 정치적 충원 기능을 가지는데, 정책 공약을 제시하고 선거에 출마할 후보자를 선출함으로써 이러한 기능을 수행한다. 국민들은 당원으로 가입하지 않더라도 특정 정당의 정책 공약을 지지하거나, 정당의 후보를 선거에서 선택함으로써 정당을 통한 정치참여를 실현할 수 있다. 특히 최근에는 정당의 후보자 선출 과정에 당원이 아닌 유권자들도 참여할 수 있는 사례들이 늘어나면서 당원으로 가입하지 않고도 정당정치에 참여할 수 있는 기회가 늘고 있다.

우리나라의 경우 2002년 16대 대통령 선거 이후 정당의 대선 후보자 선출 과정에 당원 외에 일반 유권자들도 참여하도록 하는 국민경선제가 일상화되었다. 이 경우 특정 정당을 지지하는 유권자라면 후보 선출을 위한 선거인단으로 참여하거나 여론조사에 참여하는 방식으로 당원이 아닌 경우에도 후보자 선출 과정에 참여할 수 있다. 제19대 국회에서는 모든 국민이 자신이 지지하는 정당의 후보자 선출 과정에 참여할 수 있도록 후보자 선출을 위한 예비 선거를 실시하고 선거관리위원회가 예비 선거를 관리하도록 법으로 규정하는 완전국민경선제가 논의되기도 했으나 법 개정으로 이어지지는 않았다. 완전국민경선은 본 선거에 앞서 예비 선거를 실시함으로써 유권자들이 사실상 두 번의 선거(정당 후보자를 선출하는 예비 선거와 대통령을 선출하는 본 선거)에 참여할 수 있도록 하는 방안이다.

이러한 국민경선 방식에 대해 당원의 권한을 축소시킴으로써 장기적으로 정당의 침체를 가져온다는 비판도 있으나 우리나라뿐 아니라 많은 국가에서 정당 지지율을 높이고 정당정치를 활성화시킬 수 있는 대안으로 활용하고 있다. 이러한 사례들은 프랑스나 영국, 독일 등 정당정치가 발달한 선진국들에서도 발견되는데, 특히 당원들의 참여가 높은 좌파 정당들에서 이러한 사례들을 발견할 수 있다. 대통령 선거에 출마할 후보자를 국민경선 방식으로 선출한 프랑스 사회당이 대표적이다. 사회당은 2012년과 2017년에 실시된 대통령 선거에서 좌파의 가치에 동의하는 국민들은 누구나 1유로 이상의 경선 비용을 내고 대통령 선거에 출마할 후보자를 선출할 수 있도록 하였다.

정당정치는 어떻게 변화하고 있는가?

정당을 통한 정치참여를 확산시키는 또 하나의 방안으로 최근 논의되고 있는 것은 온라인과 모바일을 활용한 정당정치이다. 기존의 정당이 정당 조직을 중심으로 구성되고 운영되는, 즉 오프라인에서의 활동이 주축이 되는 정당이었다면, 최근에는 온라인이나 모바일을 매개로 정당정치에 참여할 수 있는, 즉 온라인과 오프라인이 융합된 형태의 정당정치가 확산되고 있다. 예컨대, 주요한 의제 설정이나 정책결정, 후보자 선출 과정을 온라인이나 모바일을 통해 진행하는 사례들이 그것이다. 유럽 각국에서 활동하고 있는 해적당(Pirate Party), 이탈리아의 오성운동(Five Star Movement), 스페인의 포데모스(Podemos) 등이 대표적인 사례이다.

해적당은 2006년 독일 등에서 창당되어 현재 전 세계 26개국에서 활동하고 있으며, 포럼 게시판을 통해 당원들 간에 토론을 진행하고 의제를 설정한다. 각국의 해적당은 국제적으로 동조하며, 온라인 공간에서의 자유로운 활동을 강조하며 개인에 대한 감시와 통제에 반대한다. 오성운동은 2010년 창당된 정당으로 온라인 경선을 통해 선거에 출마할 후보자를 선출하며, 홈페이지, 블로그, 유튜브, 모바일 앱, 그리고 트위터·페이스북 등 소셜 미디어를 적극적으로 활용한다. 2014년 창당된 포데모스는 지역 단위의 소모임과 온라인과 모바일을 통한 활동이 동시에 이루어지는 정당으로 집행부나 후보자 선출, 의제 설정 등을 온라인 투표로 결정한다.

이 정당들은 운영 방식이나 조직의 측면에서도 기존의 정당들과 달리 지역단위의 소모임 외에 온라인이나 모바일을 활용하여 당원과 지지자의 자유로운 참여를 기반으로 할 뿐 아니라 온라인 공간에서의 자유로운 활동, 반 부패, 반 세계화 등 기존의 진보-보수의 정당 구도와는 다른 주장을 펼치고 있다. 선거 자금이나 정당 운영 자금도 크라우드펀딩의 형태로 모금하는 등 기존 정당과 다른 조직구조와 운영 방식으로 젊은 층의 참여를 높이고 있다.

이처럼 온라인과 오프라인이 결합된 정당의 등장은 IT(Information Technology)의 발달과 더불어 가능했다. IT의 발달은 온라인이나 모바일을 통해 다수의 참여자들이 정보를 공유하고 토론에 참여하며, 찬반 투표에 참여할 수 있는 수단을 제공한다. 즉 시간이나 장소에 구애받지 않고 참여 의지만 있다면 누구나, 언제든지 참여할 수 있는 정당 시스템을 제공하게 된 것이다. IT의 발달과 더불어 기성 정당정치에 실망하고 새로운 형태의 정당정치를 요구하는 유권자들 또한 이들 정당이 등장할 수 있었던 중요한 요인이었다. 그 결과 오성운동이나 포데모스는 창당된 후 수 년 이

내에 총선거나 지방 선거에서 두각을 보이면서 주요 정당으로 발돋움했다.

직접행동은 정당정치의 대안인가?

한편 온라인이나 모바일을 활용한 정당정치로도 부족하다고 생각되는 경우 자신들의 정치적 주장을 기리니 광장에서 직접행동을 통해 보여 줄 수 있다. 직접행동은 그간 수동적이고 정치에 무관심하다고 인식되었던 대중들이 특정 이슈를 기점으로 적극적으로 자신들의 목소리를 낸다는 점에서 다른 정치참여 유형과는 구별된다.

특히 선거 참여나 정당을 통한 정치참여와 달리 제도권 정치를 거치지 않고 자신들의 주장을 직접 표명한다는 점, 정부와 정치권에 대해 불신하고 직접 대안을 제시한다는 점에서 가장 적극적인 형태의 정치참여라고 할 수 있다. 또한 선거나 정당을 통한 정치참여가 대의민주주의를 표방하는 것과 달리 직접행동은 직접민주주의를 표방하고 있으며, 주민소환이나 주민발의와 같은 주민참여제도가 직접민주주의를 제도적으로 수용한 참여민주주의의 성격을 지닌 것과 달리 직접행동은 기존 제도의 영역 밖에 위치한다는 점에서 차별성을 보인다.

학자들은 이러한 직접행동 방식을 새로운 시민 참여 유형으로 분류하며, 사회문제나 정부 정책에 비판적인 의견을 제출하거나 행동에 나서는 "비판적 시민(critical citizen)"의 성장을 그 배경으로 설명한다(Norris

1999; 주성수 2015). 민주주의 연구자인 에이프릴 카터는 절차적 민주주의의 한계를 지적하며, 직접행동을 더 나은 민주주의를 위한 대안으로 제시하고 있다(Carter 2007).

직접행동을 통한 정치참여는 특정 이슈와 관련하여 주로 발생하고 있으며, 2000년대 이후 크게 증가하고 있다. 우리나라의 경우 효순이·미선이 추모 집회(2002), 미국산 소고기 수입 반대 집회(2008), 세월호 참사 진상 규명 촉구 집회(2014), 그리고 가장 최근에 있었던 박근혜 대통령 탄핵 촉구 촛불집회(2016)가 대표적인 사례이다. 직접행동을 통한 정치참여는 우리나라뿐 아니라 전 세계적으로 확산되는 추세이며, 그 사례로는 미국 시애틀의 반WTO 집회(1999), 월스트리트 점령 시위(2011), 아랍의 봄(2011), 홍콩 우산 시위(2014) 등이 있다.

지금까지 정당정치를 중심으로 21세기에 나타난 다양한 유형의 정치참여에 대해 살펴보았다. 특히 2000년대 이후 등장한 새로운 유형의 정당과 직접행동을 통한 정치참여는 IT의 발전이 뒷받침되어 나타났음은 물론이며, 기존의 제도 정치에 대해 지녔던 불신은 정치적 무관심으로 일관하기보다는 적극적인 정치참여로 나타나게 되었다.

제2부

투표참여

06

투표행태에 대한 이론적 논의

조원빈 · 성균관대학교

왜 사람들은 선거에 열광하는가? 1980년대 말 이후 민주주의를 받아들인 동유럽, 중남미, 그리고 아시아 국가들은 민주주의와 그것을 구성하는 핵심 요소 중 하나인 선거가 모든 문제를 해결하지는 못하지만, 이것이 없으면 좀 더 심각한 문제에 직면하게 된다는 것을 보여 주었다. 이에 민주주의 체제에서 선거는 어떤 역할을 하는지에 대해 고민해 볼 필요가 있다.

주지하다시피 선거는 다양한 기능을 수행한다. 국민에게 정부를 선택할 수 있게끔 하며 동시에 정치인들을 통제하는 역할을 한다. 선거는 여론과 정책을 연결시켜 주는 매개체 역할을 수행한다. 이러한 시각에서 보면,

정보를 충분히 갖고 있는 유권자가 현명한 결정을 통해 후보자 중 한 명을 고르는 것이 선거의 기본 원리이다. 이에 반대하는 시각은 선거를 단순히 상징적인 행위로 이해한다. 이들의 주장에 따르면 국민은 투표를 함으로써 '시민의 의무'를 다했다고 느낄 뿐이며, 이 과정에는 충분한 지식이나 현명한 결정이 수반되지 않는다.

'선거는 어떠한 의미를 가지는가?'라는 질문은 경험적인 연구와 직결되어 있는데, 역사적으로 살펴보면 유권자는 정치권의 행동에 대해 늘 나름대로의 반응을 보였다. 마거릿 대처의 재선은 포클랜드 전쟁에서의 승리에 대한 보상이었으며, 걸프 전쟁에서 승리했으나 미국 경제 문제를 해결하지 못한 조지 부시는 1992년 선거에서 빌 클린턴에게 패했다. 정치인들은 국민들로부터 '좋은 시절'이라고 보상을 받지는 않지만, 경제나 사회 상황이 좋지 않을 때는 반드시 국민들로부터 처벌을 받아 선거에 패하게 된다.

투표행태 연구

현대의 투표행태 연구는 여론조사에 크게 의지한다. 물론 모든 여론조사를 신뢰할 수는 없지만, 투표행태를 이해하는 데 있어서 가장 확실한 방법임에 틀림없다. 여론조사를 하는 데 있어서 제일 중요한 것은 '표본을 고르는 방법'이며, 이는 일부가 아닌 모든 사람들에게 표본에 들어갈 가능성을 부여하는 것이다. 일반적으로 1,500명의 표본이 95%의 신뢰도(±

3%)를 보장해 주고, 여기에 필연적으로 오류가 발생하지만 무시할 만하다. 표본 선택뿐만 아니라 질문의 형태 또한 여론조사의 타당성을 높이는데 중요하다. 질문의 구성에 따라 다른 결과로 이어지기 때문에 연구자들은 실제 여론조사 전에 꼭 예비 실험을 수행해야 한다. 현대 투표행태 연구에 있어, 투표행태 이론을 검증하기 위해 실험이라는 방식의 비중이 점점 늘어나고 있다. 실험을 통한 투표행태 연구는 소수의 학생들에게 선거 관련 유인물을 보여 주고 그들의 반응을 살피는 방향으로 전개된다.

여론조사와 실험에도 장점과 단점이 있다. 여론조사는 일반 대중을 상대로 표본을 추출하기 때문에 대표성을 띠고 다양한 주제와 관련된 정보를 제공한다. 반면, 틀린 추측을 내놓기도 하며, 민감한 사안에 대해 사람들은 솔직한 대답을 하는 대신 "잘 모른다"고 대답하기 때문에 여론조사 결과가 유권자 태도를 반드시 대표한다고 보기 힘들다. 연구자가 변수를 통제할 수 있는 실험 방식은 분명한 인과성을 규명하기에 용이하다. 하지만 전체 인구를 대표하지 않는 집단군, 특히 학생들을 상대로 하기 때문에 대표성이 떨어지며 이는 여론조사를 함께 진행함으로써 보완 가능하다.

여론조사, 실험과 더불어 투표행태 연구에는 데이터 활용이 필수적이다. 하지만 여기에 갤럽과 같은 상업적인 여론조사는 포함되지 않는데 그 이유는 선거 결과 예측보다 개인의 투표행태에 대한 이해가 연구의 일차 목표이기 때문이다. 상업적인 여론조사는 어떤 후보가 이길지 예측하는데 집중하지만, 정치학자는 왜 이겼는지 분석하고자 한다. 미국에서 정치와 관련된 분야의 여론조사는 미시간의 사회연구협회(Institute for Social Research)에 의해 본격적으로 시작됐으며, 현재는 ANES(American

National Election Study)가 관리하고 있는데 ANES의 대선 여론조사는 선거 전과 후에 동일한 사람들을 인터뷰하는 방식을 사용한다.

가장 주목할 만한 데이터 작업의 추세는 1980년대부터 대용량 정보가 수집되고 있다는 것이다. 방문 인터뷰가 전화 인터뷰로 대체되면서 더 많은 정보의 수집이 가능해졌으며 학술단체와 영리단체 간의 협력이 늘면서 다양한 정보에 대한 접근이 용이해졌다. 흥미로운 점은 정보의 폭증이 투표행태와 관련된 논란을 불식시키지 못하고 더 많은 의문점을 낳는다는 것이다. 정교한 연구 방법과 방대한 자료는 임의적인 판단과 실험 불가능한 추측으로 이어지는 경우가 많기 때문이다.

투표행태에 대한 이해

1940년 컬럼비아 대학교가 주도한 연구는 각 정당이 국민에게 정책을 홍보하는 소비자 선호 모델(consumer preference model)에 기반했다. 이 모델의 문제점은 소비자들이 정책을 살펴보기도 전에 이미 후보를 결정한다는 것인데, 이는 1940년 대선을 통해 밝혀진 바가 있다. 컬럼비아 학파의 학자들은 교육 수준, 임금 수준, 계층 등의 사회경제적 요소, 종교, 거주 지역과 투표행태를 연결시키는 사회학 모델을 통해 이 선거를 분석했는데, 이 모델은 왜 집단 간의 차이가 나타나는지 설명하지 못했으며 국가 단위로 확장했을 때 적용 불가능하다는 문제점을 갖고 있다.

미시간 학파는 사회심리학 모델(social-psychological model)을 이용해 1952년 대선을 분석했는데, 이는 투표행태 연구 분야에서 패러다임 전환을 야기했다. 모델은 정당에 대한 유권자의 애착심, 이슈에 대한 유권자의 성향, 그리고 후보자에 대한 성향의 세 가지 주안점에 주목했다. 정당, 후보자, 이슈는 투표행태 모델에서 변수로 활용되기 시작했으며 이는 아직까지도 미시간 모델의 원형이다. 연구가 세분화되면서 장기적 변수와 단기적 변수를 구분하기 시작했는데, 정당 일체감(party identification)은 장기적 요소, 후보와 이슈는 단기적 변수로 선거에서 작용된다.

1970년대에 인기를 얻기 시작한 합리적 투표자 모델(rational voter model)은 유권자가 자신에게 더 많은 이익을 가져다주는 후보에게 '합리적'으로 표를 던진다는 이론이다. 이 모델은 다른 접근에 비해 더 명쾌하고 정확한 이론적 근거를 제공하고 정당이나 후보가 아닌 이슈 위주로 유권자가 투표한다는 주장으로 학계에 새로운 기여를 하였다.

1950년대 이후 사회심리학이 발달하면서 학계는 인간의 감정과 그로부터 파생되는 행동에 주목하기 시작했고, 투표행태 이론의 새로운 조류인 현대정치심리학(modern political psychology)이 등장했다. 정치심리학은 제한된 정보하에서 나타나는 의사결정에 특히 주목했기 때문에 투표와 직접적인 연관이 있었던 것이다. 초반에는 합리적 선택 이론과 정치심리학이 대립되는 접근으로 보였지만 시간이 지나면서 정치심리학은 선호의 근원적 토대, 합리적 선택 이론은 전략적 행동에 초점을 맞추는 식으로 상호 보완적인 형태를 띠게 되었다.

투표행태와 개인 수준의 요인

정치참여와 투표율을 파악하는 유용한 틀로 비용-이익 이론(cost-benefits logic)이 있다. 이에 따르면 유권자의 투표참여에 투자되는 시간 혹은 참여에 필요한 정보로 일컬어지는 참여 비용(C)이 있으며, 합리적인 사람은 오직 이익(B)이 비용을 상회할 때만 투표에 참여한다. 후보가 자신에게 더 많은 이익을 가져다 줄 것이라고 판단하고 자신의 표가 선거 결과에 영향을 미칠 확률(P)이 있는데 심리적 만족감(D)까지 느끼는 경우에만 표를 행사한다. 즉 PB+D>C일 때 투표하는 것이 합리적이라는 것이다. 이 이론에 따르면 높은 비용 혹은 낮은 기대 이익으로 인해 저조한 참여와 낮은 투표율이 발생한다.

일반적 요인으로 파악되는 교육 수준과 법적 제재는 더 이상 투표율에 영향력을 발휘하지 않는다. 주지하다시피 교육 수준과 사회참여는 정의 상관관계를 보이지만, 높아지는 교육 수준에도 불구하고 참여의 정도는 지속적으로 떨어지고 있다. 마찬가지로 법적 제재도 완화되고 있지만 참여도가 높아지지 않는 걸로 보아 아무런 영향을 미치지 못한다.

테세이라(Teixeira 1987)는 투표율의 감소에 인구학적 변화(투표 연령의 감소, 유동성의 증가, 싱글족의 증가)가 40%, 정치사회학적 변화(사라지는 당파성, 낮아지는 신문구독률)이 60% 정도의 영향을 미친다고 주장했다. 로젠스톤과 한센(Rosenstone and Hansen 1993)은 인구학적 변화와 정치사회학적 변화가 45%의 영향만 미치고 나머지 55%는 정치적 동원(mobilization)에 있다고 주장했다. 이들은 또한 1960년대 이후 시민운

국민의 참여가 민주주의를 살린다

동이 투표율에 많은 영향을 미쳤다는 연구 결과를 내놓았다.

또 하나의 획기적인 접근은 높은 교육 수준이 높은 투표율로 전환되는지 확인함으로써 교육 수준과 정치참여의 관계를 재검토하는 것이었다. 니 외(Nie et al. 1996)는 유한한 자원과 갈등으로 인해 누군가의 이득이 다른 이의 손해로 전환되는 제로섬 게임으로 정치참여를 이해했다. 정부는 일정한 양의 시민적 행위만 수용할 수 있기 때문에, 여러 명이 경쟁할 때 소수만이 그 혜택을 볼 수 있다는 것이다. 따라서 전반적인 교육 수준이 증가했음에도 불구하고 몇몇은 다른 이들보다 더 높은 수준의 교육을 제공받기 때문에 '상대적인' 교육 수준을 파악해야 한다는 것이 그들의 주장이다.

버바 외(Verba et al. 1995)가 15,000명을 상대로 한 여론조사를 기반으로 두고 이루어진 시민 참여 연구는 개인적 요인의 최근 흐름을 대변한다. 이들은 정치참여를 위한 자원(시간, 돈, 시민적 능력)에 초점을 두면서 학계에 긍정적인 기여를 했다. 이들의 통계 분석에 따르면, 정치적 관심과 정보는 전반적으로 정치참여에 영향을 미치지만 정치적 행위 간에 차이가 있다. 가령 임금 수준, 정치적 관심도, 당파성은 정치참여를 예측하는 주요한 변수다. 그리고 시민적 능력은 정치적 행위에 영향을 미치지만 선거에는 영향을 주지 못한다. 이들은 직접적으로 정치참여의 정도가 낮아지고 있다고 경험적으로 제시하지 않았지만, 사회가 시민적 능력의 발전을 저해하는 방향으로 발전하고 있다고 지적했다.

투표행태와 사회적 요인

앞서 제시한 많은 학자들이 투표행태에 영향을 미치는 요인들을 규명하기 위해 노력했으며 상당히 설명력 있는 해석들을 내놓았다. 하지만 이들의 설명에는 모든 것을 포괄하는 일반적인 요소가 결여되어 있다. 따라서 투표율 감소의 원인을 밝히기 위해 특정한 집단이 아닌 사회 전체에 주목할 필요가 있다.

밀러와 섕크스(Miller and Shanks 1996)는 투표율 감소가 세대 간에 나타나는 현상이라고 주장했다. 최초의 투표자들인 뉴딜 집단은 항상 선거에 적극적으로 참여했으며 1960~1980년대까지도 높은 투표참여율을 유지했다. 뉴딜 세대의 투표율은 67~90%, 젊은 세대의 투표율은 41~69%로 명확히 대비된다. 다시 말해, 같은 시기에 젊은 세대가 전반적인 투표율 감소에 영향을 미쳤다는 것이다.

세대 간의 변화는 퍼트넘(Putnam 2000)의 연구에 있어서도 중요한 요소인데, 그는 20세기 후반에 공동체 활동의 급감에 주목했다. 퍼트넘에 의하면 투표율 감소는 미국의 정치 문화에 있어서 일부분일 뿐이다. 정당에서의 활동, 마을 회의 참가, 선출직에 입후보, 탄원서 제출 등 다양한 정치 참여가 쇠락을 겪고 있다는 것이 그의 주장이다. 하지만 종교 활동, 노조 등 다른 부문에 있어서도 사람들의 참여도가 줄어드는 걸로 보아 이러한 주장도 일부분만을 설명해 주는 데 그친다.

돌턴(Dalton 1996)은 1950년대에서 1990년대까지 24개국의 투표율을 조사함으로써 현대 민주주의에 있어 투표율 감소는 전 지구적 현상이라는 사실을 밝혔다. 투표율에 영향을 주는 당파성 또한 줄어들고 있는 추세이다. 같은 기간에 많은 국가에서 투표율이 감소했다는 사실은 이러한 현상의 근저에 전 세계적인 변화가 내포되어 있다는 것을 의미한다. 다른 이들은 정치적 참여에 대한 이해가 달라진 것이지 정치에 관심이 줄어든 것이 아니라고 주장한다.

투표행태와 제도적 요인

과거에 정점을 찍었던 1960년대 미국이나 현재 미국의 투표율은 변함없이 다른 국가보다 낮다. 이에 대해 많은 이들은 미국의 제도적 환경이 낮은 투표율에 영향을 미친다고 주장한다. 파월(Powell 1986)은 미국 선거에서 경쟁의 부재와 정당과 시민 간의 연결고리가 약하다는 이유 두 가지를 들며 이 주장에 힘을 싣는다. 비례대표제 혹은 중선거구제를 도입한 국가들은 전국적으로 유권자를 동원해야 하는 데 비해, 미국의 소선구제와 선거인단제에서 몇몇 유권자의 상대적 가치가 없어지기 때문에 경쟁이 부재할 수밖에 없다는 것이다.

미국의 낮은 투표율을 설명하는 또 하나의 중요한 요소는 선거인 등록제도(voter registration)이다. 미국과 달리 많은 국가에서 일체의 절차 없이 선거 연령이 되면 자동으로 유권자로 등록된다. 1972년 선거를 연구한 울핑거와 로젠스톤(Wolfinger and Rosenstone 1980)은 선거인 등록제도가 변화한다면 투표율이 9%' 증가할 것이라고 결론 내렸다. 미첼과 블레

지엔(Mitchell and Wlezien 1995)의 연구 또한 선거인 등록제도가 상당부분 완화되면 투표율이 7.5% 늘어날 것이라고 예상했다.

역사적으로 미국의 투표율을 살펴보면, 법적 제도가 투표율의 변화에 영향을 꽤나 미쳤다는 것을 확인할 수 있다. 정당 간에 경쟁이 심하고 선거인 등록을 할 필요가 없었던 19세기 후반에 남부를 제외한 지역의 투표율은 75~80%에 육박했다. 정당의 힘이 약화되고 선거인 등록제도가 도입되자 투표율이 급감했고, 수정 헌법 제19조가 효력을 발휘하기 시작한 1920년에 여성이 투표하는 것이 까다로워지자 상황은 더욱더 심각해졌다.

최근에는 투표율을 높이기 위한 노력들이 등장하고 있는데, 1993년에 발의된 전국 유권자 등록법(National Voter Registration Act)이 대표적이다. 이 조항은 운전면허를 받을 때 선거인 등록 또한 가능하도록 한 것인데, 하이턴과 울핑거(Highton and Wolfinger 1998)는 이를 두고 선거 당일 유권자 등록(election day registration)과 비슷한 효과를 낳는다고 평가했다. 하지만 몇몇 주 만이 위의 법을 시행했기 때문에 전체적인 효과는 미미했다. 투표율 증가를 위한 다른 노력으로 우편으로 부재자 투표를 허용한 것이 있다.

비록 제도적 요소가 투표율 감소에 대해 어느 정도의 설명력을 발휘하지만, 지난 40년간의 추세를 온전히 설명할 수 있는지에 대해 여전히 의문이다. 와튼버그(Wattenberg 1997)는 선거인 등록제도가 없는 주에서도 투표율이 감소하고 있으며, 선거 당일 유권자 등록이 있는 주 역시 마찬가지라고 주장한다. 전국 유권자 등록법을 시행한 주에서도 투표율이 증가하는 양상을 보이지 않고 있다는 연구가 이를 보완한다.

07

투표참여의 당위와
현실을 둘러싼 논쟁

조진만 · 덕성여자대학교

투표참여, 무엇이 문제인가?

대한민국 헌법 제1조 2항은 "대한민국의 주권은 국민에게 있고, 모든 권력은 국민으로부터 나온다"고 규정하고 있다. 하지만 시민들이 일상의 삶에서 주권자이자 권력자라는 느낌을 받기는 쉽지 않다. 다만 가끔씩 시민들도 주권자와 권력자로서 대접을 받을 때가 있다. 바로 선거 기간 동안이다.

선거가 실시되는 시점에서 시민들은 소중한 한 표를 행사하는 유권자로서 정당과 후보자들로부터 극진한 대우를 받는다. 하지만 선거가 끝나고 나면 그때뿐이라는 느낌을 받게 된다. 루소(Jean-Jacques Rousseau)가 "시민들은 투표할 때만 주인이 되고, 투표가 끝나고 나면 노예가 된다"고 대의민주주의를 비판한 데에는 충분한 이유가 있어 보인다.

그럼에도 불구하고 오늘날 정치는 유권자가 선거라는 기제를 통하여 대표를 선출하는 과정을 통하여 이루어진다. 즉 선거를 통하여 유권자가 자신의 대표에게 정치 권력을 위임하는 것이 대의민주주의의 핵심이다. 유권자들로부터 정치 권력을 위임받은 대표들은 자신을 선출해 준 유권자들의 의사를 적극적으로 파악하고 대변하는 임무를 부여받게 된다. 그리고 유권자는 다음 선거에서 대표자가 임기 동안 얼마나 충실하게 자신의 의사를 반영하였는가를 평가하여 투표에 참여하고 보상(지지 유지)과 처벌(지지 철회)의 차원에서 표를 던진다.

이와 같은 대의민주주의의 특징을 고려할 때 다음의 두 가지 점이 중요하게 대두된다. 먼저 규범적인 측면에서 '어떤 투표참여가 바람직한가'라는 점이다. 다음으로 현실적인 측면에서 유권자들 중 '누가, 어떠한 이유로 투표를 하는가'라는 점이다. 전자는 투표참여의 자격과 범위, 기권의 자유와 투표의 의무 등과 관련하여 다양한 논쟁점이 존재한다. 그리고 후자는 선거에 누가, 어떠한 의도를 가지고 참여하는가의 문제가 선거 결과를 좌우하게 된다는 점에서 중요하게 부각된다.

어떤 투표참여가 바람직한가?

　민주주의는 성별, 재산, 연령, 교육 수준 등의 제한 속에서 시민들이 선거에 참여할 수 있는 권리를 획득하고 확대해 온 역사로 기록되고 있다. 이러한 차원에서 생각하면 민주주의는 가급적 많은 시민들에게 보다 많은 투표참여의 기회를 제공하는 것이 바람직하다는 결론에 이른다.

　하지만 이와 같은 민주주의 발전의 역사는 인류의 긴 역사를 고려할 때 비교적 짧으며 여전히 진행 중이라는 특징을 보인다. 실제로 19세기 중반까지만 해도 투표할 수 있는 권리는 사회적 지위와 재산을 보유하고 있는 귀족이나 일부 시민들에게만 주어졌다. 여성의 경우 제1차 세계대전 당시 노동력 제공을 통한 전쟁 공헌이라는 명분으로 투표할 수 있는 권리를 가질 수 있었으며, 그나마도 초기에는 남성과 여성의 투표 연령 기준에 차이가 존재하였다. 또한 민주국가인 스위스의 경우에는 1971년에, 그리고 사우디아라비아는 2015년이 되어서야 여성들에게 투표권을 부여하였다. 그뿐만 아니라 남아프리카공화국의 경우 흑인들은 1994년에야 투표할 권리를 가질 수 있었다. 이것은 인류의 긴 역사 동안 시민들에게 투표할 수 있는 권리를 쉽사리 부여하지 않았다는 것을 의미한다.

　그렇다면 시민들에게 투표를 참여할 수 있는 권리를 어떻게 부여하는 것이 민주주의의 발전을 위해서 좋은 것일까? 양적인 측면에서는 가급적 많은 시민들이 자주 투표권을 행사하는 것이 바람직하다. 즉 이 관점에서 보면 시민 모두가 성별, 연령, 재산, 교육 수준, 인종 등의 차별 없이 1인 1표의 민주적 권리를 부여받아 다양한 차원에서 행사하는 것이 좋다. 더불어 시민들이 투표권을 보다 편리하고 수월하게 행사할 수 있도록 적극적으로 노력하는 것도 필요하다.

하지만 모든 권리에는 책임이 따른다는 관점에서 투표참여의 문제를 고민하기도 한다. 이 입장에서는 민주주의가 발전하기 위해서는 질 좋은 시민들의 투표참여가 필요하다고 주장한다. 시민이 선거라는 중요한 행사에 책임 있는 투표권을 행사하기 위해서는 공공 문제에 대한 관심과 고민, 그리고 올바른 선택이라는 책임이 요구된다. 하지만 현실에서 많은 시민들은 먹고사는 일에 바빠서 정치에 무지하거나 무관심하다. 이러한 이유로 최대한 많은 시민들에게 투표권을 보장하는 것이 민주주의에 긍정적인 효과를 이끈다고 단정을 짓기 어려운 측면도 존재한다. 그러므로 각 국가마다 정치적 환경과 현실 등을 고려하여 투표권을 부여할 수 있는 일정한 기준을 마련하고, 모든 시민의 참여를 강제하기보다는 계몽되고 자발성을 갖춘 시민들의 참여에 기반하여 민주주의를 운용하는 모습을 보인다.

투표참여의 문제와 관련하여 이와 같은 두 가지 입장이 존재하기 때문에 투표 연령의 하향과 의무투표제 도입에 대한 논란이 첨예하게 대립되되고, 정치권이 합의를 도출하지 못하는 모습을 보인다. 하지만 우리가 민주주의를 포기하지 않고 발전시키고자 하는 의지가 존재하는 이상, 보다 많은 시민들에게 투표권을 부여하고자 하는 노력은 지속될 수밖에 없다. 특히 과거와 비교하여 오늘날 일반 시민들의 교육 수준과 경제 수준이 높아졌고, 공공 문제에 대한 정보를 접근할 수 있는 수단들이 획기적으로 발달하였기 때문에 더욱 그렇다.

버바(Verba 1995)와 레이파트(Lijphart 1997)는 선거에 참여하는 유권자들의 경우 불참한 유권자들과 비교하여 소득과 교육 수준 등에서 차이를 보여 실질적으로 평등한 참여가 이루어지지 못하고 있다는 점을 강조하였다. 그리고 이것을 대의민주주의의 해결되지 않는 딜레마라고 지적하였다. 이 문제를 해결할 수 있는 최선의 방법으로 모든 시민들이 투표를 하도록 하는 의무투표제의 도입을 고민할 수 있다. 그리고 의무투표제가 최선의 제도라는 합의가 존재하였다면 모든 민주국가들이 채택하였을 것이다. 하지만 민주국가들 내에서도 의무투표제를 채택하고 있는 국가들은 상대적으로 많지 않다. 그러므로 가능한 최선의 대안은 민주주의를 더욱 건강하게 만들 수 있는 시민들을 양성하기 위한 노력과 투자를 적극적으로 전개하면서, 그에 상응하여 보다 많은 시민들에게 투표할 수 있는 권리를 부여하는 방향으로 제도적 개혁을 모색하는 것이다. 민주주의는 결국 얼마나 많은 시민들이 민주주의에 걸맞는 지식과 소양을 갖추고 있으며, 선거에 얼마나 적극적으로 참여하는 모습을 보이는가를 놓고 평가받을 수밖에 없다.

누가, 어떠한 이유에서 투표를 하는가?

누가, 어떠한 이유로 투표를 하는가는 대의민주주의의 핵심적인 질문이다. 이러한 이유로 이와 관련한 많은 논의와 주장들이 제기되어 왔다. 하지만 여전히 이 문제는 명확하게 밝혀지지 않은 미제의 영역으로 남아 있다. 그 이유가 무엇인지 구체적으로 살펴보도록 하자.

유권자의 투표참여의 문제와 관련한 최초의 이론적 시도는 다운스 (Downs 1957)에 의하여 이루어졌다. 그는 분석 단위를 유권자 개인의 수준으로 설정하고 경제학에서 사용되는 혜택(B: Benefit)과 비용(C: Cost)이라는 개념을 차용한 합리적 선택 이론의 관점에서 투표참여의 문제를 접근하였다. 그리고 유권자의 투표참여는 다음의 간단한 공식에 의하여 이루어진다고 주장하였다.

$$pB > C$$

다운스의 관점에서 보면, 인간은 선택이라는 문제와 관련하여 그것이 가져다 줄 혜택과 비용을 계산할 수 있는 합리성을 가진 존재이다. 그러므로 투표참여라는 선택도 결국 유권자가 투표를 참여함으로써 자신에게 돌아올 것이라고 기대하는 혜택이 지불해야 하는 비용보다 클 때 이루어진다고 주장한다. 다만 이 공식에서 문제는 p(Probability)라고 지칭한 개인적인 차원에서 설정된 확률 문제이다. p를 쉽게 풀어서 설명하자면 유권자 개인이 선거에 참여함으로써 승패를 좌우할 수 있는 가능성을 의미한다. 그런데 문제는 선거에 참여하는 유권자가 워낙 많아서 실제로 p값은 거의 0에 가까운 수준이 되기 때문에 항상 혜택보다 비용이 큰 특징을 보이게 된다는 점에 있다. 이러한 이유로 합리적 유권자라면 투표를 할 이유가 없다는 역설(paradox of voting)이 생겨나게 된다. 흔히 우리는 "왜 유권자들이 투표를 하지 않을까?"라고 질문을 던지는데, 이 공식에 따르면 "합리적 유권자들은 투표할 이유가 없는데 왜 투표를 하는 것일까?"라고 질문하는 것이 올바른 것이 된다.

이에 대하여 다운스는 다음과 같은 논리로 초기 모델을 보완하였다: 합리적 유권자는 투표를 할 이유가 없다. 하지만 만약 아무도 투표하지 않을 경우 민주주의는 위협을 받게 된다. 그리고 그것은 민주주의의 유지를 통하여 유권자 개인이 얻는 혜택을 감소시킬 수 있다. 그러므로 합리적 유권자는 이를 방지하기 위한 목적에서 투표를 하게 된다.

하지만 이 주장 역시 유권자 개인이 투표참여를 통하여 민주주의의 붕괴나 유지에 미칠 수 있는 영향력이 극히 미약하다는 관점에서 투표참여의 역설과 동일한 비판을 받게 되었다. 또한 개인적인 차원에서 혜택과 비용이라는 기준으로 선택의 문제를 접근하는 합리적 선택 이론의 기본적인 원칙을 깬 것이라는 점에서도 큰 논란이 제기되었다.

이러한 상황에서 다운스의 모델을 합리적 선택 이론의 차원에서 보완한 학자는 라이커와 오데슉(Riker and Ordeshook 1968)이다. 이들은 다음에서 볼 수 있듯이 다운스의 공식에서 시민적 의무(D: Citizen duty)라는 요소를 추가시켰다. 그러면서 합리적 유권자들은 투표참여를 통하여 얻는 혜택과 더불어 시민적 의무를 수행하였다는 심리적 만족감을 동시에 고려하여 그것이 비용을 초과할 경우 투표를 하게 된다고 주장하였다. 그리고 시민적 의무 수행에 따른 심리적 만족감은 투표라는 윤리를 준수한 것, 정치체제에 대한 충성을 확인한 것, 자신의 정당 선호를 확인한 것, 정치체제에 대한 효능감을 확인한 것, 투표장에 가서 표를 던진 즐거움으로부터 나온다고 주장하였다.

$$pB + D > C$$

하지만 이와 같은 라이커와 오데슉의 주장에 대해서도 많은 비판들이 제기되었다. 비판의 핵심은 이들의 모델이 수식상 D항목을 추가하고 있지만 기본적으로 다운스의 주장과 큰 차이가 없는 동어반복적인 특징을 보인다는 점이다. 다운스는 합리적 선택 이론의 기본 가정들을 위반하지 않기 위하여 초기 공식을 수정하지 않고 논리를 보강하였다. 하지만 라이커와 오데슉은 그 주장의 차별성이 크지 않음에도 불구하고 다운스의 모델을 수정함으로써 오히려 투표참여 문제와 관련한 합리적 선택 이론의 취약성을 그대로 보여 주는 모습을 보이게 된 것이다.

이에 대하여 페레존과 피오리나(Ferejohn and Fiorina 1974)는 좀 다른 차원의 접근을 시도한 바 있다. 이들은 유권자들이 투표참여를 함에 있어 자신이 지지하는 후보의 낙선이나 자신이 지지하지 않는 후보의 당선이라는 최악의 상황을 모면하기 위한 동기를 가질 수 있다고 주장한다. 기존의 합리적 선택 이론가들은 유권자들의 투표참여는 미래에 제공될 혜택이나 심리적 만족감 등이 극대화될 때 가능하다는 입장을 보였다. 반면 이들은 기권함으로써 발생할 수 있는 후회를 최소화하는 입장(minimax regret criterion)에서 합리적 유권자의 투표참여가 이루어질 수 있다고 주장한 것이다. 페레존과 피오리나의 주장은 합리적 유권자가 투표하게 되는 이유에 대한 추가적인 이유를 제시하고 있다는 점에서 의미가 있다. 하지만 합리적 선택 이론의 모델로 투표참여의 문제를 접근할 때 가장 근본적으로 맞닥뜨리게 되는 문제점인 '혜택이 적고 비용이 큼으로써 발생하는 투표참여의 역설'에 대한 근본적인 해결책을 제시하고 있지는 못하다. 다시 말해 후회를 최소화하기 위하여 던지는 내 한 표의 가치 역시 여전히 매우 적기 때문에 합리적 유권자에게 이것이 투표참여의 유인으로 작용하기 힘들다는 것이다.

이처럼 합리적 선택 이론은 투표참여와 관련한 중요한 이론화 작업을 수행하였음에도 불구하고 많은 의혹과 비판을 받고 있다. 그리고 그 비판의 핵심에는 유권자 개인이 투표에 참여함으로써 선거의 결과를 좌지우지할 가능성이 거의 없다는 점으로부터 기인하는 바가 크다. 이에 유권자 개인마다 자신의 한 표가 선거 결과에 중요한 영향을 미친다는 인식이 차이를 보일 수 있다는 관점에서 문제를 접근하기도 한다. 또한 오늘날 유권자가 선거에 참여하는 데 지불해야 하는 비용이 그렇게 크지 않고, 실제로 투표에 참여하는 유권자가 그 비용을 별로 크게 계산하지 않는다는 주장도 제기되고 있다. 그뿐만 아니라 투표참여의 문제는 합리적 선택 이론의 관점에서 개인적 차원의 문제로 접근할 것이 아니라, 개인을 둘러싼 사회적 네트워크의 압력, 자기 자신의 이익뿐만 아니라 자신이 포함된 사회와 공동체의 이익에 대한 고민, 정당과 후보자의 동원 효과 등 다양한 차원을 고려해야 한다는 사회학적 관점의 도전들도 지속되고 있다.

어떠한 투표참여가 이루어져야 하는가?

지금까지 진행해 온 논의를 고려하면 투표참여는 유권자 개인의 이익이

국민의 참여가 민주주의를 살린다

라는 차원에서 접근하기에는 너무나 성스러운 것이거나 지나치게 하찮은 것일 수도 있어 보인다. 어떤 유권자는 선거에서 투표하는 것은 시민으로서 누리는 명예로운 권리이자 의무라고 생각할 것이다. 한편 또 다른 유권자는 선거에서 내가 투표하나 기권하나 결과의 차이는 없고 정치도 변할 것이 없다고 생각할 것이다. 전자의 유권자는 투표에 참여할 것이고, 후자의 유권자는 기권을 선택할 가능성이 높다.

하지만 우리는 국내외에서 아주 적은 표 차이로 선거 결과가 결정되는 수많은 상황들을 목격하였다. 또한 선거를 통하여 누가 정치 권력을 잡느냐에 따라 국가 차원뿐만 아니라 개인의 삶에도 작건 크건 영향을 미칠 수 있다는 점도 충분히 느낄 수 있다. 그러므로 합리적 선택 이론에서 전제하는 것처럼 투표에 참여하는 유권자는 단순히 수많은 유권자들 중 한 명의 유권자라고 간주하기 힘든 측면도 분명히 존재한다. 결국 민주주의가 발전하기 위해서는 민주시민으로서의 자질을 갖춘 유권자들이 많아져야 하고, 이들의 자발적 투표참여가 높아져야 한다. 이러한 부분들에 대한 노력과 투자를 소홀히 한 국가에서 성숙되고 질 높은 민주주의가 발현될 것으로 기대되지는 않는다. 어린 시절부터 민주시민으로서의 소양을 키울 수 있는 기회들을 자주 접할 수 있는 한국의 모습을 상상해 본다.

08

회고적 투표

: 이론과 실제

장승진 · 국민대학교

들어가며

갤럽 조사에 따르면 2012년 제19대 총선을 앞둔 3월 한 달 동안 현직 대통령인 이명박 대통령의 국정 운영 지지도는 평균 27%에 그쳤으며 국정 운영을 잘못하고 있다는 부정적인 응답의 비율이 긍정적인 평가보다 두 배 이상 높은 58%에 달했다. 마찬가지로 제18대 대통령 선거를 앞둔 11월 한 달 동안에는 이명박 대통령의 국정 운영 지지도가 평균 24%로 더욱 하락했으며 부정적인 평가 역시 65%로 상승하였다. 실제로도 두 선거 모두 선거 직전까지 야당이 승리할 것이라고 예상되었다. 그러나 제19대 총선 결과는 집권 여당인 새누리당이 과반 의석을 차지하는 압승으로 마무리되었으며, 제18대 대통령 선거 역시 집권 여당 소속의 박근혜 후보의 승리로 끝났다는 것은 주지의 사실이다.

물론 유권자들이 누구에게 투표하는가, 나아가 선거 결과는 대통령의 국정 운영에 대한 평가 외에도 다양한 요인에 의해 결정되며, 따라서 현직 대통령의 지지율이 높거나 낮다고 해서 반드시 실제 선거에서 여당 혹은 야당 후보의 승리가 보장된다고 할 수는 없다. 그럼에도 불구하고 민주화 이후 우리의 경험은 소위 회고적 투표(retrospective voting)와 관련하여 흥미로운 의문을 제기한다. 대의제 민주주의하에서 선거란 대표자를 선출한다는 의미 이외에도 집권 여당의 국정 운영 결과에 대한 유권자들의 평가라는 의미 역시 가진다(Powell 2000). 다시 말해서 집권 여당의 국정 운영 결과를 긍정적으로 평가하는 유권자라면 여당 후보에게 투표함으로써 보상을 제공하고, 만일 국정 운영 결과에 대해 부정적인 평가를 내린 유권자라면 야당 후보에게 투표함으로써 여당을 심판하는 동시에 새로운 대안에게 국정 운영의 책임을 맡긴다는 것이다. 그렇다면 한국의 선거에서 이러한 이론적인—혹은 상식적인—예측과는 어긋나는 결과가 종종 발생하는 이유는 무엇인가?

회고적 투표

회고적 투표란 유권자들이 후보 및 정당이 과거 집권했을 때의 성과에 대한 평가를 투표 선택의 기준으로 삼는 것을 의미한다. 회고적 투표 이론을 정립한 피오리나(Fiorina 1981)에 따르면 회고적 투표는 두 가지 점에서 선거에 임하는 유권자들에게 중요한 의미를 가진다. 먼저 첫 번째로 구체적인 정책과 쟁점의 세세한 사정에 대해 무지하거나 관심을 가질 여유가 없는—대부분의—유권자들에 있어서, 회고적 평가는 결과적으로 국가의 정치적·경제적 상황이 나아졌는가 아니면 나빠졌는가라는 직관적인 평가에 초점을 맞춤으로서 상대적으로 손쉬운 선택 기준을 제공해 줄 수 있다. 그리고 두 번째로 미래는 항상 불확실하고 공약은 쉽게 믿을 수 없기 때문에, 과거 국정 운영 성과에 대한 회고적 평가야말로 각 후보와 정당이 앞으로 집권했을 때 얼마나 국가를 잘 운영할지를 가장 잘 보여 줄 수 있는 정보를 제공해 준다는 것이다.

회고적 투표의 핵심은 현직자 혹은 집권 여당의 국정 운영에 대한 회고적 평가가 유권자들의 투표 선택의 중요한 기준으로 작용한다는 점이다. 그리고 이러한 국정 운영의 성과를 평가하기 위해 유권자들이 가장 흔히 사용하는 기준이 경제라고 할 수 있다. 실제로 경제성장률이나 실업률과 같은 객관적인 거시 경제 지표의 변화에 따라 집권 여당 소속 후보의 득표율이 증가 혹은 감소하는 현상을 쉽게 찾아볼 수 있다(Lewis-Beck 1988; Tufte 1978). 흔히 경제 투표(economic voting)라고 일컬어지는 이러한 현상은 회고적 투표에서 가장 핵심적인 부분을 차지하고 있다. 즉 경제 상

　　　　　　　　　国民의 참여가 민주주의를 살린다

황이 좋을 때에는 유권자들이 집권 여당의 후보에게 투표하는 반면에 경제 상황이 악화되는 경우에는 야당 후보를 선택함으로써 집권 여당의 실정을 심판한다는 것이다.

객관적 경제 상황의 변화가 투표 선택으로 이어지기 위해서는 객관적 조건에 대한 유권자의 주관적 인식이 선행되어야 한다. 이때 유권자들이 형성하는 경제적 인식은 자기 자신의 가계 살림 수준에서 형성(pocket-book considerations)될 수도 있고 혹은 전체 국가 경제 수준에서 형성(sociotropic considerations)될 수도 있다. 또한 유권자들은—자신의 가계 살림 수준이건 아니면 국가 경제 수준이건—지금까지의 변화에 대한 회고적 평가에 초점을 맞출 수도 있고 혹은 앞으로의 변화에 대한 전망적(prospective) 기대에 보다 집중할 수도 있다. 이와 같이 두 가지 기준에 따라 나타날 수 있는 네 가지 서로 다른 경제적 인식 중에서 많은 연구들은 국가 경제의 변화에 대한 회고적 평가가 투표 선택에 가장 강력하고 일관된 영향을 끼친다는 점을 밝히고 있다.

그런데 경제 투표, 혹은 보다 일반적으로 회고적 투표의 영향력은 선거가 치러지는 맥락과 환경에 따라서 다르게 나타날 수 있다. 예를 들어 현직자가 재선에 도전하지 않는 경우 국정 운영 실패의 책임을 물을 대상이 없다는 점에서 회고적 평가의 영향력이 약화될 것이라는 점은 쉽게 예상할 수 있다. 물론 특정한 후보가 아닌 정당이 평가 및 심판의 대상이 될 수는 있지만, 직접적인 책임의 주체가 모호해질 가능성이 높은 것은 부정할 수 없는 사실이다. 또한 여소야대 상황과 같이 유권자가 국정 운영 실패의 책임을 특정한 정당에게 묻기 어렵게 하는 정치적 상황에서도 회고적 평가의 영향력이 완화될 수 있다. 예를 들어 경제 상황이 악화된 책임이 대통령의 잘못된 정책에 있는지 아니면 대통령의 국정 운영에 협조적이지 않은 국회에 보다 큰 책임이 있는지 불분명해질 수 있다는 것이다.

또한 회고적 투표를 경제 투표와 동일시할 수는 없으며, 경제 상황의 변화를 넘어선 다른 회고적 평가의 기준 역시 얼마든지 존재한다. 예를 들어 대통령의 국정 운영에 대한 평가에 있어서 외교적·군사적 성과가 매우 중요한 의미를 가질 수 있으며, 혹은 집권 세력 내의 부패나 스캔들 또한 회고저 투표에 영향을 끼칠 수 있다.

한국 선거에서의 회고적 투표

한국 유권자의 회고적 투표에 대한 논의와 분석은 매우 상반된 결론을 제시하고 있다. 예를 들어 제17대 대통령 선거를 대상으로 한 연구들은 노무현 대통령의 국정 운영에 대한 평가가 부정적이며, 노무현 정부에 대한 심판의 의미로 선거를 바라보는 유권자일수록 정동영 후보 대신 이명박 후보를 지지하는 경향이 강하게 나타났다고 주장한다(가상준 2008; 강원택 2008). 그러나 곧바로 뒤이은 제18대 대통령 선거에서는 이명박 대통령의 국정 운영에 대한 지지도가 매우 낮은 수준이었음에도 불구하고 여당 소속의 박근혜 후보가 대통령에 당선되었으며, 실제로 박근혜 후보의 국정 운영 능력을 긍정적으로 평가하는 유권자라면 이명박 대통령의 국정 운영에 대한 부정적 평가에도 불구하고 여전히 박근혜 후보에게 투표

했다고 이야기된다(강우진 2013; 이내영·안종기 2013).

사실 한국은 5년 단임제 대통령제를 채택하고 있기 때문에 현직 대통령이 재선에 도전하는 일은 발생하지 않으며, 이에 따라 대통령 선거에서 회고적 평가가 투표 선택에 끼치는 영향력이 상대적으로 부각되지 않을 가능성이 존재하는 것은 사실이다.

그렇다면 대통령의 임기 중 실시되는 국회의원 선거의 경우 유권자의 회고적 투표가 보다 두드러지게 나타나는가? 예상외로 한국의 총선을 대상으로 유권자들의 회고적 투표행태를 분석한 예는 그리 많지 않으며 그 결과 또한 일관적이지 않다. 예를 들어 강원택(2012)와 황아란(2012)은 제19대 총선이 지지도가 낮은 대통령의 임기 후반에 실시되었음에도 불구하고 실제 유권자들의 투표 선택에 중요한 영향을 끼친 요인은 이명박 대통령의 국정 운영에 대한 회고적 평가가 아니라—8개월 후로 예정된 제18대 대통령 선거를 염두에 둔—전망적 평가였다고 주장하고 있다. 반면에 장승진(2012)의 경우 제19대 총선에서도 정권심판론에 기반한 회고적 투표 행태가 중요하게 작용하였으며, 다만 선거 이전의 예상과는 달리 새누리당이 승리할 수 있었던 원인은 정서적 차원에서 유권자가 가지고 있는 각 정당에 대한 호불호에 있다고 주장한다. 또한 장승진(2016)은 비록 제20대 총선에서 야당이 제기한 정권심판론과 여당이 제기한 야당심판론 그리고 제3정당이 제기한 기성 정치권 심판론 등 세 가지 서로 다른 차원의 심판론이 동시에 제기되었지만, 결국 이 중 정권심판론이 유권자의 투표 선택에 가장 일관된 영향을 끼쳤다고 주장한다.

흥미롭게도 한국의 선거 중 유권자들의 회고적 투표행태에 대한 연구가 가장 많이 이루어지고 실제로 대통령의 국정 운영에 대한 회고적 평가의 영향력이 가장 일관되게 나타나는 것은 주로 지방 선거나 국회의원 재·보궐 선거이다. 이는 중앙 권력의 향배를 직접적으로 결정하지 않는 선거에서는 자신이 지지하지 않는 정당 또는 후보가 당선되었을 때 감수해야 할 비용이 크지 않고 따라서 유권자들이 상대적으로 자유로운 입장에서 정부의 국정 운영과 정책에 대한 정치적 불만을 지지 변경이나 투표 불참 등의 형태로 표출할 수 있기 때문이라고 할 수 있다(강원택 2004). 실제로 민주화 이후 실시된 대부분의 지방 선거와 재·보궐 선거는 지역 선거임에도 불구하고 중앙정치의 각종 쟁점들이 부각되는 가운데 대통령의 국정 운영에 대한 추인 혹은 심판이라는 정치적 의미를 부여받았다. 결과적으로 여당과 야당 모두 중앙당이 선거 과정에 적극적으로 개입하는 대리전의 양상을 보였으며, 유권자의 상당수가 대통령의 국정 운영에 대한 회고적 평가를 기준으로 투표하는 경향이 발견되었다(강원택 2004; 김진하 2010; 조진만 2005; 조진만 외 2006; 최준영·조진만 2011; 황아란 2013).

나가며

물론 회고적 투표가 일종의 정치적 만병통치약처럼 생각되어서는 안 된다. 실제로 유권자들은 국정 운영 실패의 책임을 묻는 데 있어서 다양한 오류와 한계를 노정하곤 한다. 예를 들어 유권자들이 기존에 가지고 있던

국민의 참여가 민주주의를 살린다

정치적 성향에 따라 국정 운영의 실패의 책임을 누구에게 묻는가가 달라질 수 있다. 즉 집권 여당을 지지하는 유권자의 경우 국정 운영의 성과는 대통령과 여당에게 돌리는 반면에 실패의 책임은 야당—심지어 야당 소속의 전임 대통령—에게 묻게 된다는 것이다. 또한 많은 유권자들이 근시안적이며(myopic) 따라서 현직자의 업적 전체를 고려하지 못하고 일부분에만 초점을 맞추어 회고적 평가를 내리기도 한다. 예를 들어 현직자의 임기 전반에 걸친 평균적인 업적보다는 선거에 임박한 시기의 변화에 지나치게 초점을 맞춘다던지 혹은 장기적인 차원에서 유권자들에게 도움이 되는 정책보다는 단기적으로 성과가 드러나는 정책을 더욱 중시하는 등의 오류를 범할 수 있다. 그리고 이 경우 정치인들은 선거에서 유리하도록 정책의 효과를 인위적으로 조작하고자 하는 유혹에 빠지기 쉽다.

그러나 이러한 가능성은 회고적 투표의 의의를 부정하는 것이라기보다는 오히려 역설적으로 정부 및 현직자의 국정 운영 결과에 대한 정확한 평가 및 그에 기반한 투표 선택이 가지는 중요성을 반증하는 것이라고 할 수 있다. 이러한 측면에서 본다면 지방 선거와 재·보궐 선거를 제외하고 한국의 전국 단위 선거에서 과연 회고적 평가가 투표 선택에 끼치는 영향력에 대해서 여전히 명확한 결론이 내려지지 않고 있는 상황은 간과할 수 없는 문제라고 할 수 있다. 서로 다른 선거는 물론이고 심지어 동일한 선거를 대상으로 한 연구에서조차도 서로 상반된 결과가 제시되고 있는 것이 사실이다.

회고적 투표가 대의제 민주주의하에서 가지는 이론적·경험적 중요성에 비추어 보았을 때 '한국 유권자들이 과연 회고적 투표를 하는가'는 간과

할 수 없는 중요한 질문이며, 따라서 이 문제에 대한 보다 엄밀한 분석이 필요하다고 할 수 있다. 나아가 만일 선거의 수준과 시기에 따라 회고적 투표의 영향력이 다르게 나타난다면 과연 어떠한 정치적 환경이 유권자들의 회고적 투표를 촉진 혹은 저해하는가에 대해 보다 통시적인 관점에서 종합적인 분석이 이루어져야 할 것이다.

국민의 참여가 민주주의를 살린다

제3부

사회적자본

09

왜 사회적자본인가?

정수현 · 명지대학교

사회적자본이란 무엇인가? 왜 사회적 관계와 사회적 규범에 '자본'이라는 단어를 붙였는가? 사회적자본은 민주주의 발전에 어떠한 영향을 미치는가? 사회적자본이라는 말은 대중매체와 일상의 대화를 통해 빈번히 이용된다. 하지만 사회적자본이 정확히 무엇을 의미하고 어떠한 기능을 수행하는지 이해하는 사람들은 생각보다 많지 않다. 심지어 많은 학자들조차 사회적자본의 단편적인 측면만을 주목하고 부각시킬 뿐이다. 이 글은 사회적자본의 개념을 보다 명확히 하고, 사회적자본과 민주주의의 관계를 설명하는 것을 목적으로 한다. 이를 위해서 부르디외(Pierre

Bourdieu), 콜먼(James S. Coleman), 퍼트넘(Robert D. Putnam)이 사회적자본이라는 개념을 도입한 이유를 살펴본 후, 사회적자본의 특징과 민주주의 사회에 미치는 영향력에 대해서 정리하겠다.

사회적자본이라는 용어의 유래는?

부르디외와 콜먼은 사회적자본이라는 용어를 본격적으로 사용하기 시작한 학자들이다. 1980년대에 이들은 사회적자본이라는 개념을 가지고 각각 개인의 인간관계와 집단의 규범과 신뢰 등이 계급의 불평등을 재생산하거나 개인의 합리적 선택에 영향을 미친다고 주장한다. 하지만 사회적자본이 대중적으로 널리 알려지기 시작한 것은 퍼트넘에 의해서였다. 1990년대 중반, 퍼트넘은 20여 년 동안의 이탈리아에 대한 연구 결과를 바탕으로 미국 사회에서 종교, 노동, 교육, 문화, 스포츠 등의 단체들에 참여하는 시민 문화의 약화와 사회적자본의 감소가 투표율 저하와 정부에 대한 신뢰 하락과 같은 민주주의의 위기를 초래한다고 지적한다. 이러한 주장은 당시 많은 정치인과 언론인에 의해 인용되면서 대중적으로 널리 알려지게 되었고, 이후 사회적자본은 사회학과 정치학뿐만 아니라 금융과 경영 분석 등 다분야에서 널리 사용된다. 이처럼 부르디외와 콜먼에 의해 도입된 사회적자본이라는 개념이 퍼트넘에 의해 대중적으로 유명해졌지만, 세 명의 학자들이 규정한 사회적자본의 의미와 영향력은 다소 차이가 있었다. 이것은 그들이 사회적자본이라는 용어를 사용한 목적이 서로 달랐기 때문이다.

우선, 부르디외는 개인의 연결망(networks)과 경제적 자본의 축적의 관계를 설명하기 위해서 사회적자본의 개념을 이용했다. 그에 따르면 사회적자본이란 "상호 친분과 인식을 통한 제도화된 관계로서의 지속적인 연결망의 소유와 연계되는 실질적 혹은 잠재적 자원의 총합"으로서 "집단의 구성원들에게 집단이 보유한 자원을 제공"하는 기능을 갖는다(Bourdieu 1986, 51). 보다 쉽게 설명하면, 개인은 특정 집단의 구성원이 되거나 자신의 인간관계를 넓힘으로써 물질적 부를 얻을 수 있는 경제적 자원이나 귀중한 정보에 접근할 기회를 가질 수 있기 때문에 이러한 사회적 관계는 경제적 부의 축적에 기여하는 자본이 된다는 것이다(Portes 1998).

이런 사회적자본의 정의를 가지고 부르디외는 가진 자들은 경제적 이익에 도움이 되는 집단이나 연결망에 속할 가능성이 높고 이러한 인적 관계를 후손에게 계승할 수 있기 때문에 부의 불평등이 사회적자본을 통해 세습된다고 주장한다. 예를 들어, 강남에서 태어나서 초·중·고등학교를 졸업한 사람이 서해의 외딴 섬에서 태어나고 자라난 사람들보다는 부의 증식과 관련된 정보를 가진 친구들이나 지인들을 알게 될 기회가 더욱 많기 때문에 경제적으로 잘살 가능성이 더욱 높다는 것이다. 결국 부르디외는 마르크스의 자본의 개념을 사회적 영역으로 확대시킴으로써 법이나 제도적으로 평등해 보이는 현대사회에서도 경제적 불평등이 사회적 관계를 통해서 은밀히 계승되는 현상을 설명하고자 했다(김상준 2004).

반면에, 콜먼은 합리적 선택 이론에 기반을 두고 개인의 효용을 증진하는 수단으로서 사회적자본의 기능에 주목한다. 콜먼에 따르면 사회적자본은 1) 의무(obligations), 기대(expectations)와 신뢰성(trustworthiness), 2) 정보채널(information channels), 3) 사회적 규범(social norms)이라는 세 가지 형태로 존재하고 이들은 개인과 집단이 경제적 이익을 취하거나 인적 자본을 강화하는 데 도움이 된다(Coleman 1988; 1990). 이 중에서 특히 콜먼이 관심을 가진 사회적자본의 행태는 사회적인 의무와 기대를 온전히 수행할 것이라는 신뢰와 사회적 규범이었다. 가령, 아시아의 계 조직(rotating-credit associations)은 사회적자본의 효용성이 잘 드러나는 대표적인 예이다. 단기간에 큰 자금을 확보하기 어려운 개인들은 계라는 소규모 자원들이 집단으로 축적되는 조직을 통해 가족행사와 교육 등을 위한 목돈이나 경제적 투자 자금을 마련할 수 있는 기회를 얻는다. 하지만 계주나 이른 순번에 곗돈을 탄 계원이 계속적으로 곗돈을 붓지 않고 도망갈 수 있는 위험이 있기 때문에 계원들 간의 강력한 신뢰가 없다면 계가 조직될 수도, 유지될 수도 없다. 즉, 조직의 구성원들 간에 각자의 의무를 다할 것이라고 믿을 수 있는 높은 수준의 사회적자본이 있을 경우에만 계가 생겨날 수 있는 것이다(Coleman 1988).

이처럼 사회적자본이 개인의 삶과 사회에 미치는 여러 사례들 중에서 콜먼은 특히 인적 자원을 양성하는 데 있어서 사회적자본의 역할에 주목한다. 자녀를 키우는 학부모들 간에 서로를 촘촘히 연결하는 닫힌 구조가 형성이 되면 자신뿐만 아니라 타인의 자녀를 함께 선도하는 규범과 역량이 높아지고 이는 자녀 교육을 향상시키는 결과를 가져올 것이라고 생각한 것이다(Coleman 1988).

마지막으로 퍼트넘은 집단의 규범과 신뢰를 강조한 콜먼의 사회적자본의 개념을 받아들여 이를 토크빌과 알먼드와 버바의 시민 문화에 접목시킨다. 그는 1970년대부터 진행해 온 이탈리아 사회에 대한 연구를 바탕으로 이탈리아 북부가 남부 지역과는 달리 시민들의 사회참여가 활발하고 구성원들 간에 상호호혜(reciprocity)[1]적인 규범과 신뢰가 잘 구축되어 있었기 때문에 경제적으로나 정치적으로 발전할 수 있었다고 주장한다(Putnam 1993). 보다 구체적으로 개인은 다른 시민들과 연결망을 형성하고 교류함으로써 시민 문화의 핵심인 신뢰, 호혜성, 관용, 연대감, 협동심 등을 획득할 수 있었고 이러한 사회적자본의 축적이 민주주의와 경제적 발전을 가능케 했다는 것이다(Putnam 1993; 1995).

이러한 연구 결과를 바탕으로 퍼트넘은 1990년대 미국 민주주의의 위기가 사회적자본의 감소에 의한 것이라는 결론을 얻는다. "나 홀로 볼링(bowling alone)"이라는 말이 함축하듯이 개인의 사회적 연대가 약해짐으로써 정부와 사회에 대한 신뢰와 정치참여가 줄어들었다는 것이다. 그런 측면에서 퍼트넘이 인식하는 사회적자본의 효과는 시민의 덕목과 공동체 생활을 강조한 알먼드와 버바의 시민 문화에 대한 인식과 매우 유사하였다. 두 개의 이론 모두 민주주의 체제에서 사회의 구성원들이 가지는 핵심 가치가 민주주의의 질을 결정할 것이라고 가정하고 있고, 사회적자본과 시민 문화는 개인의 태도를 반영한 것이지만 이를 개인들이 다른 구성원들과 공유한다는 점에서 정치적 중요성이 나타난다(Putnam 1993;

---

1. A가 B에게 특별한 이익을 준다면 B 역시 A에게 이에 상응하는 이익을 준다는 것을 의미한다.

1995; Almond and Verba 1963)

　요약컨대 부르디외, 콜먼, 퍼트넘은 사회현상을 분석하는 데 있어서 동일하게 사회적자본이라는 용어를 사용했지만, 그 이론적 토대나 핵심 주장에는 서로 차이가 있었다. 부르디외는 마르크스(Karl Marx)의 자본론을 사회관계에 확장해서 적용하여 개인의 연결망을 기반으로 하는 사회적자본이 계급 간 평등을 재생산하는 요인이 된다고 인식한 반면에, 콜먼은 사회 구성원의 연결망과 이를 통해 생산된 규범이 어떻게 개인의 선택에 영향을 미치고 집단에 이득을 가져다주는지 사회적자본의 기능적 효과에 주목했다. 퍼트넘은 콜먼이 규정한 사회적자본에 토크빌과 알먼드와 버바의 시민 문화를 접목함으로써 사회적자본이 민주주의 체제에 미치는 영향력을 알아보고자 했다.

사회적자본은 어떠한 특징을 갖는가?

　사회적자본이란 용어가 널리 쓰이기 이전에도 사람들의 연결망이나 규범적 가치가 어떻게 경제적 혹은 정치적 영향력을 행사할지에 대한 논의와 연구들은 계속 있어 왔다. 하지만 위에서 언급한 학자들의 연구가 이전과 달랐던 점은 사람들의 사회적 관계를 '자본'으로 규정한 것이다. 그러면 자본이란 무엇이며 사회적자본이 자본으로서 가지는 특징은 어떠한 것이 있는가?

　사회학자인 린(Nan Lin)에 따르면 자본이란 "시장에서 기대된 보상을 위한 자원의 투자"이다(Lin 2001, 3). 이러한 정의는 투자와 이익 추구를 위해서 생산되는 자본의 특성을 주목한 것이다. 일반적으로 사회적자본의 중요성을 강조하는 학자들은 자본을 세 가지의 형태로 분류한다. 첫째, 마르크스가 계급 간의 불평등을 설명하기 위해 소개하였던 재화의 생산 과정에서 투입되는 물적 자원(physical capital)이다. 둘째, 교육, 훈련, 그리고 경험 등을 통한 지식과 기술의 축적으로 생산의 중요한 요소인 노동의 가치를 높일 수 있는 인적 자원(human capital)이다(Shultz 1961). 셋째, 개인이 사회의 다른 구성원들과 연결망을 넓혀 가고 상호작용을 함으로써 경제적 이득을 취할 수 있는 사회적자본이다.

콜먼(1988)은 가족 환경과 자녀 교육과의 관계를 예를 들어 각각의 자본이 가지는 특성을 다음과 같이 구체적으로 설명한다. 첫째, 부모의 재산과 소득은 물질적(혹은 금융) 자본으로 간주된다. 부유한 집에서 태어난 자녀일수록 좋은 교육을 위한 금전적인 지원을 받을 수 있을 것이다. 둘째, 부모의 교육 수준은 자녀의 인지 발달을 위한 지식을 제공할 수 있는 인적 자원이다. 셋째, 부모와 자녀의 밀접한 관계는 자녀의 교육에 도움이 되는 사회적자본이다. 설사 부모의 교육 수준이 높다고 해도 부모가 자녀 교육에 충분한 시간을 할애하지 않거나 자녀가 부모를 존경 혹은 신뢰하지 않는다면 가족의 인적 자원, 즉 부모의 교육 수준이 자녀의 학습 능력에 별다른 영향력을 주지 않을 것이다.

하지만 사회적자본은 단순히 개인의 이득을 달성하기 위한 사유재로서만 기능하는 것은 아니며 공공재적인 특징도 지닌다. 우선, 개인이 새로운 인간관계를 구축하거나 기존의 관계를 단절했을 경우 연계망에 속한 자신뿐만 아니라 다른 사람들에게도 이익 또는 손실이 될 수 있다. 만약 한 가족이 일자리 때문에 다른 지역으로 이사를 간다면 그 가족이 원래 주거했던 지역은 자녀 교육이나 범죄 방지 등에 도움이 되는 사회적 연계망과 규범의 약화라는 손실이 발생할 수 있다. 또한, 사회적자본은 특정한 목적으로 형성되었어도 다른 목적으로 이용될 수 있다는 점에서 부산물과 같은 성격을 가지기도 한다. A라는 이유로 생겨난 사회 조직이 B라는 목적을 달성하기 위해 이용될 수 있다는 것이다. 가령, 한국의 군사 정권 시절에 고등학교 동문회와 동향 모임은 사회 개혁의 이념을 가르치는 운동권 공부 모임의 기반이 되었으며, 이런 공부 모임은 군사 정권에 대항하고 민주화 시위를 주도하는 역할을 수행하기도 했다(Coleman 1988; 1990).

사회적자본은 민주주의에 어떤 영향을 미치는가?

그렇다면 사회적자본은 민주주의 발전과 어떠한 관계가 있는가? 왜 많은 학자들은 사회적자본이 민주주의 체제를 향상시키는 원동력이 될 것이라고 주장하는가? 이런 질문들에 간략히 대답하면 다음과 같다. 우선, 권위주의 체제에서 시민들이 단체 가입을 통해 상호 교류하고 서로에 대한 신뢰를 구축한다면 이는 반민주적 정권에 대한 저항세력을 조직하는 기반이 됨으로써 민주화에 기여할 수 있다. 민주화 이후 이러한 사회적 관계들은 시민들이 다양한 정치적 정보와 견해에 접근할 수 있는 통로가 되어 정부의 책임성을 높이고 정치참여의 장벽을 해소할 수 있다. 또한 여러 결사체에 참여한 시민들은 다른 의견에 대한 관용과 타협을 배우고 공동의 문제에 대해 높은 관심을 가지게 되어 더욱 적극적으로 정치에 참여하게 된다. 따라서 사회적자본이 풍부한 사회일수록 시민들의 자발적인 정치참여를 통한 정부와의 상호작용이 활발해지고 이는 정부의 책임성과 효과성을 증대시킴으로써 건전한 민주주의가 구축될 수 있다(Paxton 2002; 이숙종·유희정 2010).

하지만 모든 사회적자본이 민주주의 사회에 긍정적인 영향력을 주는 것은 아니다. 가령, 이념적으로 극단적인 경향과 배타성이 강한 사이트 '일베'에 참여하는 사람들이 더욱 많아진다면 사회에 대한 신뢰와 정치적 관용이 증가하기보다는 사회 구성원들 간의 갈등과 반목만이 증가할 것이다. 이처럼 개인은 인종차별이나 무정부주의, 테러, 사회 폭력 등을 양산하는 단체들에 참여할 수 있으며 이런 사회적 연결망은 사회통합을 저해하고 사회에 대한 불신을 높임으로써 민주주의 체제에 위협으로 작용한다.

이러한 문제의식을 가지고 2000년대 이후 많은 연구들은 사회적자본을 결속형(bonding)과 교량형(bridging)으로 분류하고 사회적자본이 민주주의 체제에 미치는 긍정적인 효과와 부정적인 효과를 모두 고려하고 있다(Putnam 2000; Grootaert et al. 2004; 소진광 2004; 이현우 외 2011). 먼저, 혈연, 지연, 인종, 종교 등의 인구사회학적 기반을 가지고 형성된 결속형 사회적자본은 배타적이고 폐쇄적인 내부지향적 경향이 강하다. 이는 한편으로는 집단 내 구성원들의 상호호혜와 연대의식을 강화시키는 데 기여하지만, 다른 한편으로는 파벌주의와 타 집단에 대한 적대감을 증가시키기도 한다.

　다음으로 인구사회학적으로 공통점이 적은 다양한 계층의 사람들로 구성된 교량형 사회적자본은 타 집단에 대해 개방적이고 외부지향적인 경향이 나타난다. 비록 구성원들 간의 이질성이 크고 결속형 사회적자본보다 상호 연계성이 약하기는 하지만 사회에 존재하는 상이한 태도와 견해들을 포용하는 속성이 있다(이현우 외 2011). 결국 민주주의 체제 내의 다양성을 보장하고 사회통합을 달성하기 위해서는, 결속형 사회적자본보다는 교량형 사회적자본을 더욱 발전시킴으로써 사회 구성원들이 공동체적 이익을 추구하고 서로에 대한 이해와 협력을 증진시킬 필요가 있다.

10

사회적자본에 기반한
시민의 정치참여와 민주주의

임유진 · 경희대학교

현대 민주주의에서 시민의 참여는 대의민주주의의 한계를 극복하고 민주주의를 향상시키는 데 가장 핵심적인 기제로서 역할을 한다. 시민들은 대의민주주의에서 선거에 참여함으로써 자신들의 대표자를 선출하고, 그들에게 자신의 권한을 위임하는 전통적 방식에서부터 공청회나 집회 등에 참여하여 보다 직접적인 방식으로 자신의 의견을 표출하거나 영향력을 행사하는 등 다양한 형태로 정치 과정에 참여하고 있다. 더욱이 최근 한국 정치에서 나타나는 것처럼 촛불집회나 온라인 토론 등 다양한 목적을 가지고 시민들이 정치 과정에 참여할 수 있는 공간과 수단이 점차 다양화됨에 따라 투표참여라는 전통적인 정치참여 이외에 비전통적 방식의 정치참여 활동이 더욱 활성화되고 있다.

그러나 전통적인 정치참여의 방식인 투표에 대한 참여, 즉 투표율의 하락은 서구 민주주의 국가를 비롯하여 한국에서도 보편적인 현상이 되고 있다. 특히 한국에서 1987년 민주화 이후 대통령 선거와 국회의원 총선거, 동시 지방 선거에서 투표율은 지속적으로 하락해 왔다. 1987년 제13대 대통령 선거와 1988년 제13대 총선에서 투표율은 각각 89.1%와 75.8%를 기록한 이후 20여 년의 기간 동안 2007년 제17대 대통령 선거(63.0%)와 2008년 제18대 총선(46.1%) 등 투표율은 급격하게 하락했다. 최근 투표율이 상승하고 있는 추세임에도 불구하고 2012년 제18대 대통령 선거(75.8%), 2016년 제20대 총선(58.0%) 등에서 여전히 민주화 초기와 비교해 상대적으로 낮은 투표율이 지속되고 있다(중앙선거관리위원회 홈페이지 www.nec.go.kr. 검색일: 2017. 3. 5)

대의민주주의에서 정치참여의 감소와 사회적자본

로버트 퍼트넘(Robert Putnam)은 이러한 대의민주주의에서 정치참여의 감소를 『나 홀로 볼링: 사회적 커뮤니티의 붕괴와 소생(Bowling Alone: The Collapse and Revival of American Community)』(2000)에서 사회적자본의 감소를 통해 설명하고자 했다. 여기서 '나 홀로 볼링'은 더불어 함께하는 공동체적 유대와 참여의 감소를 단적으로 보여 주는 상

국민의 참여가 민주주의를 살린다

징이다. 1960년대 이후 미국에서 사회 구성원 간의 신뢰와 유대가 사라짐에 따라 시민들의 공동체에 대한 참여가 감소했으며, 이것이 사회적자본의 쇠퇴로 이어졌다. 그리고 사회적자본의 쇠퇴가 제2차 세계대전 이후 미국에서 나타난 투표율의 지속적 감소의 원인이 되었음을 보여 주고자 했던 것이다(Putnam 2000).

일반적으로 사회적자본(social capital)은 개인들 사이의 연계와 이로부터 발생하는 사회적인 수평적 네트워크(horizontal network), 호혜성(reciprocity)과 신뢰(trust)의 규범으로 정의된다(Putnam 1993). 구체적으로는 가족과 친족을 합친 확대가족, 교회의 주일학교, 통근 열차에서 포커 놀이를 하는 회원들, 대학 기숙사의 룸메이트, 회원으로 가입한 시민단체, 온라인 채팅 그룹, 주소록의 직업 관련 인물들의 네트워크 등이라고 할 수 있다. 그리고 신뢰, 규범, 수평적 네트워크와 같은 사회적자본의 구성 요소들은 다른 시민에 대한 신뢰성에 대한 정보 비용을 줄여 주기 때문에 공동체 내에서의 협력이 제고된다. 또한 사회적자본이 형성된 사회는 정치·사회적으로 안정되어 있어 정책을 결정하고 집행하는 과정이 안정적이며, 시장에서의 거래 비용을 감소시킴으로써 경제적 번영까지 가능할 수 있다(Lee and Lim 2010; 이연호 2009). 예컨대 퍼트넘은 『사회적자본과 민주주의(Making Democracy Work)』(1993)에서 이탈리아의 남부 지방과 북부 지방의 비교를 통해 민주주의와 경제 발전이 사회적자본의 축적과 발전에 기초하고 있음을 보여 주었다. 즉 상대적으로 공동체 의식이 강하며, 수평적인 주민참여 네트워크가 발달하고 상부상조의 규범 등이 강한 이탈리아 북부 지방이 남부 지방에 비해 민주주의에 대한 성취가 높으며 경제적으로도 풍요하다는 것을 경험적으로 보여 주었던 것이다 (Putnam 1993).

사회적자본의 구성 요소 1: 신뢰

우선 사회적자본의 핵심적인 구성 요소로서 신뢰는 사회적 관계에서 다른 사람의 행동이 자신에게 영향을 주도록 허용하는 행위이며 상대방에 대한 낙관적 기대를 의미한다. 신뢰는 자발적 공동체의 공통적 규범 및 가치를 공유하도록 함으로써 공동체 내에서 구성원 간의 믿음에 기반한 연대감과 신용을 확장시키고 참여를 촉진함으로써 어떤 강제력이나 처벌 없이도 공동의 목표와 가치로 인해 더욱 자발적으로 협력하도록 한다 (Fukuyama 1995). 또한 신뢰는 사회 구성원의 통합이나 정보의 소통을 원활하게 하며 공통의 사회정치적 이슈에 대한 관심을 제고한다. 나아가 개인의 사회적자본으로서 신뢰는 정치참여에 대한 필요성과 정치적 효능감을 높게 인식하도록 함으로써 시민들의 정부 정책에 대한 개입, 즉 광범위한 정치참여를 증진시키는 데 기여한다(Boix and Posner 1998).

그리고 신뢰에 기반한 협력은 시민들이 공동체에 적극적으로 참여하고 집합 행동의 문제를 대화와 토론을 통해 해결하는 것을 도우며, 참여 과정에서 발생할 수 있는 갈등을 협력을 통해 해결할 수 있도록 한다. 사회적자본은 공동체 내에서 상호 이익을 위한 협력과 조정을 가능하게 하는 접착제로서 역할을 하는 동시에 시민들의 정치적 무관심과 무임승차에 대한 유인을 해소하고 적극적인 정치참여를 촉진한다(Krishna 2002). 신뢰를 토대로 하는 협력은 시민들이 공동체에 적극적으로 참여함으로써 집합 행동의 문제를 대화와 토론을 통해 해결할 수 있도록 돕는다.

사회적자본의 구성 요소 2: 수평적 네트워크

둘째로 사회적자본은 개인들 사이의 대면적이고 자발적이며 수평적인 네트워크를 통해 형성된다. 그리고 수평적 네트워크는 신뢰, 상호 부조의 규범, 현대 민주주의가 작동하는 데 필수적인 시민 참여의 역량을 만들어 낸다. 민주주의에서 형성되는 시민 개인 간 상호 신뢰는 집단 내의 신뢰 또는 특정한 타인에 대한 신뢰가 아닌 일반화된 신뢰(generalized trust)이며, 이를 통해 다양한 커뮤니티의 참여를 더욱 촉진시킴으로써 건전한 민주주의를 구축하는 데 도움이 될 수 있다.

특히 네트워크는 가족과 같이 사적 협조 관계에 입각한 것이 아니라 비사적 협조 관계에 입각한 것이어야 한다. 혈연관계 이외의 사람들을 신뢰하지 않고 협조하기를 거부한다면 무임승차를 예방하는 방법은 국가의 강제력에 의존하는 방법밖에 없을 것이다. 그러나 개인들이 자발적인 시민 조직 내에서 활동함으로써 조직 내부로부터 신뢰를 획득하고 나아가 조직들 상호 간에 신뢰를 구축하여 혈연관계가 아닌 상대와도 협조할 수 있다면 신뢰라는 사회적자본이 축적될 수 있는 것이다(Lee and Lim 2010; 이연호 2009).

사회적자본의 구성 요소 3: 자발적 결사체

마지막으로 퍼트넘은 사회적 유대로서의 가치와 규범을 형성하는 시민사회 내의 자발적 결사체(association)의 역할을 강조한다. 시민사회 내에 다양하고 복잡하게 연계되어 있는 결사체는 내부 구성원들에게 협동 및 책임감을 학습시키고 정치적 조직에 영향을 미침으로써 시민들이 보다 책임감 있는 감시자의 입장에서 정치 지도자를 선출할 수 있도록 한다는 것이다. 마찬가지로 토크빌(Tocqueville) 역시 자율적으로 조직된 결사체들이 민주주의를 위한 시민 참여의 기제로서 역할을 할 수 있으며 다양한 시민단체에의 참여 경험은 시민들에게 공유된 책임감에 기반한 협동과 단결의 필요성을 학습시킴으로써 민주주의를 효율적으로 수행할 수 있도록 한다고 보았다(Tocqueville 2000).

더욱이 일반 시민에 대해 보편적으로 가입이 열려 있고 민주적 의사소통에 의해 운영되는 수평적 조직은 수평적 네트워크와 신뢰를 바탕으로 하는 사회적자본이 형성된다. 반면, 혈연, 학연, 지연 등 일차적 관계에 기반한 동질적이며 폐쇄적이고 수직적인 의사결정에 의해 운영되는 수직적 조직은 수직적인 네트워크와 신뢰를 바탕으로 하는 협의의 사회적자본을 형성한다. 긍정적 사회적자본 형성에 기여할 수 있는 조직은 수직적이라기보다는 수평적 조직이며 수평적인 시민적 연계망과 시민적 결사체가 조밀한 사회일수록 정치참여의 수준이 높다고 할 수 있다.

국민의 참여가 민주주의를 살린다

사회적자본과 민주주의 그리고 경제적 발전

신뢰의 규범과 같은 사회적자본과 견고한 네트워크로 엮인 사회 조직 속에서 개인은 무임승차에 대한 욕구를 자제할 수밖에 없다. 만일 규범을 위반하고 무임승차를 한다면 다른 사회 구성원들에 의해 조직적으로 배척당할 것이기 때문이다. 그리고 협력이 활성화된 사회의 특정 그룹에서 서로 협력하는 것에 익숙해진 개인들은 타 그룹의 사람들에게도 전이할 수 있는 광범위한 혜택을 위해 기여할 수 있는 습관과 태도를 습득한다. 즉 공동체 및 네트워크 내의 비공식적인 상호 감시와 제재는 저신뢰 사회에서 협력을 유도하는 중요한 근거가 될 수 있다. 즉, 사회적자본이 풍부하게 축적되어 있으면 소규모의 자발적 집단이 많이 형성되어 있어도 특수한 이익만을 추구하는 집단행동을 무책임하게 시도하지 않을 것이다. 어떤 조직이 다른 조직으로부터 신뢰를 잃지 않으려고 노력할 것이기 때문이다. 결국 신뢰와 협조가 활성화된 소집단이 생기면 생길수록 다른 집단에 대한 긍정적 효과도 증가하게 될 것이다.

사회적자본은 신뢰에 기초한 네트워크로 구성된 협력적 행위를 촉진시킴으로써 민주적 정치 체계를 확립하고 유지시키는 데 긍정적인 역할을 한다. 사회적자본이 풍부한 사회일수록 다양한 시민 참여를 통해 정부와 시민들 간 상호작용이 활발하다. 이는 민주주의에서 정부의 반응성과 효과성을 증대시킴으로써 보다 긍정적인 제도적 성과를 가져온다. 즉 민주주의가 사회 자본으로서 신뢰와 네트워크를 구축하는 제도적 환경이라면, 사회적자본은 건전한 민주적 제도가 기대되는 기능을 수행하고 확장하는 데 중요한 역할을 하는 것이다. 결국 사회적자본과 민주주의는 단순한 인과관계가 아니라 상호의존적이며 선순환적인 관계인 것이다.

11

사회적자본과 다양성,
그리고 다문화 사회

정회옥 · 명지대학교

들어가며

사회적자본(social capital)은 사회적 네트워크와 그와 관련된 규범들(Putnam 1993; Reimer et al. 2008), 사람들 사이에 존재하는 사회적 관계 및 사람들이 공동체 내 기관들과 가지는 관계(Coleman 1988) 등으로 정의된다. 사회적자본의 주요 구성 요소로는 시민적 연계(civic engagement)와 네트워크(network) 등의 구조적인 측면과 신뢰(trust)와 같은 상호호혜적 규범(norm)을 포함하는 인지적 또는 태도적 측면이 있다(Fieldhouse and Cutts 2010). 사회직자본은 시민들의 공동체 의식 함양과 협력적인 집단행동을 가능하게 한다는 점에서 긍정적인 의미로 평가되곤 한다. 사회적자본은 공동체의 생산성에 영향을 미치며 강력한 사회적 네트워크는 협력을 촉진하고(Putnam 1993), 정부의 책임성(accountability)을 제고시키며(Jottier and Heyndels 2012), 집단행동을 가능하게 하는 시민적 역량을 배양하는 역할을 한다(Hall 2002). 따라서 사회적자본이 풍부한 공동체는 물리적 자본이 부족하더라도 공동체 구성원 간 원활한 협력을 통해 성장과 번영의 과실을 딸 수 있다는 것이나(하민철·한석태 2013).

이들 주장에 기반을 두어 우리 사회에서 사회적자본에 대한 논의는 종종 사회적자본의 증대를 통해 사회적 통합을 다지며 보다 협력적인 공동체를 건설해야 한다는 도덕적 함의를 도출하는 식으로 전개되어 오고 있다(하민철·한석태 2013). 이러한 논리 전개는 사회적자본을 사회통합의 한 방안으로써 생각해 볼 수 있게 한다. 우리 사회는 경제적, 정치적으로 극심화된 양극화와 최근의 촛불집회 및 태극기집회로 대변되는 이념적 분열 등 사회적 통합이 그 어느 때보다도 절실히 필요한 상황이기 때문이다. 그런데 정치적, 경제적 양극화와 함께 생각해 봐야 할 것은 우리 사회가 다문화 사회로 급격히 전환됨으로 인해 '문화적 양극화'에 대한 대비가 시급하다는 점이다.

다양성의 증대

세계화와 더불어 시작된 국제 이주의 물결 속에서 1990년 이후 한국 사회는 외국인 이주 노동자, 결혼 이주 여성, 다문화 가정 자녀 등이 꾸준히 늘어나며 인적 구성에 급격한 변화를 맞이하였다. 『2014 출입국·외국인 정책 통계연보』에 따르면, 한국에 거주하는 외국인은 1,797,618명으로 인구 대비 체류 외국인 비율이 3.57%에 달하는 것으로 나타났다. 이는 매년 점차 증가하고 있는 추세이며 한국 사회의 인종적, 민족적, 문화적 다양성이 확대되고 있음을 잘 보여 준다. 〈그림 11.1〉은 2010년부터 2014년까지 국내 체류 외국인의 증가를 그래프로 제시한 것이다. 2010년 1,261,415명 이었던 체류 외국인은 2014년 536,203명이 증가하였고 이는 2013년 대비 14.1%가 증가한 것이며 최근 5년간 매년 9.3%의 증가세를 보이고 있다 (법무부 출입국·외국인정책본부 2014, 36). 이러한 추세라면 2020년에는

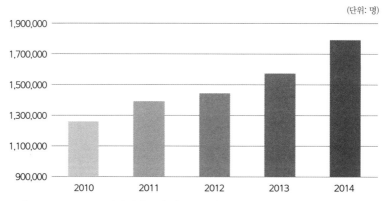

(단위: 명)

그림 11.1 2010~2014년까지의 국내 체류 외국인 수
자료: 법무부 출입국·외국인정책본부(2014).

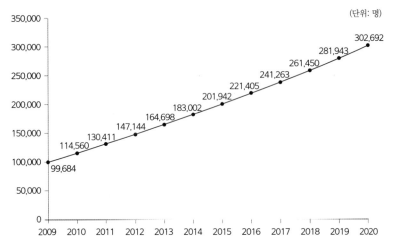

(단위: 명)

그림 11.2 다문화 가정의 증가 추세
자료: 설동훈 외(2009).
출처: 김유경 외(2012).

인구 대비 외국인 비율이 5%, 2050년에는 9.2%에 달할 것으로 예상된다
(윤인진 2008).

다문화 가정의 수도 점차 증가하고 있는 추세이다. 〈그림 11.2〉와 같
이 우리나라의 다문화 가정은 2009년도 99,684명에서 2020년에는 약 30
만 명에 달할 것으로 보인다(김유경 외 2012). 행정자치부의 2015년 1월
1일 발표에 따르면 다문화 가정의 자녀는 이미 약 20만 명에 달하는 것으
로 나타났다. 또한 다문화 가정의 자녀 중 국내 초·중·고등학교에 다니는
학생은 2013년 5만 명을 넘어섰으며 한국의 공교육 체제에서 끌어안아야
할 다문화 학생들이 전체 학생 대비 1%가 넘어가고 있어 다문화 가정에
대한 지원책을 강화해야 한다는 지적도 나오고 있는 상황이다(연합뉴스

2013년 8월 4일자). 이와 같이 한국의 다문화 사회로의 진입은 예상보다 빠른 속도로 진행되고 있으며 정치, 경제, 사회적으로 '다문화인'의 역할이 확대될 것으로 전망된다. 따라서 이러한 변화에 대비하는 사회통합 대책을 마련해야 할 필요성 역시 강하게 대두되고 있다.

다양성과 사회적자본의 관계

늘어나고 있는 외국인 이주자의 숫자는 우리 사회의 인구학적, 문화적 다양성을 빠른 속도로 증대시키고 있다. 그렇다면 사회적자본과 다양성 (diversity)은 어떤 관계를 갖는가? 보다 구체적으로 한 사회에 인종적, 민족적 이질성(heterogeneity)이 늘어난다면 그 사회의 사회적자본은 어떻게 될 것인가? 이에 대해 기존의 연구들은 상반된 결과물을 내놓고 있다. 한편에서는 동질적인 지역에 비해서 이질적인 지역, 즉 다양한 인종 및 민족적 구성을 갖고 있는 지역이 낮은 수준의 신뢰와 낮은 수준의 비공식·공식 시민 참여 활동을 보인다고 주장한다(Lance and Dronkers 2011; Alesina and La Ferrara 2000; 2002; Costa and Kahn 2003; Glaeser et al. 2000; Putnam 2007). 즉, 인구 구성의 다양성은 사회적자본의 생성을 저해한다는 것이다. 예를 들어 퍼트넘(Putnam 2007)은 다양한 인구 집단으로 구성된 공동체에 거주하는 사람들은 공동체 활동 전반에서 철회하는 모습을 발견하였고 알레시나 외(Alesina et al. 1999)는 인종적으로 이질적인 미국의 도시들은 공공정책의 효율성이 떨어진다고 주장하였다.

알레시나 외(1999)는 그러한 작동 메커니즘으로 이질적인 인구 집단들은 공공재의 사용과 재정 마련을 공유하는 데 어려움이 더 큰데 그 이유는 공동체 구성원들이 서로를 신뢰하지 못하기 때문이라고 보았다. 사람들은 기본적으로 자신과 유사한 특징을 가진 사람들을 신뢰하는 경향이 있는데, 인구학적 다양성은 사람들의 유사성을 감소시키고 결과적으로 상호 신뢰 또한 감소된다는 것이다(Alesina et al. 1999). 코스타와 칸(Costa and Kahan 2003) 역시 사람들은 스스로를 분리(self-segregate)하는 경향성이 있다고 주장한다. 사람들은 자신들과 '유사함'을 지닌 사람들과 어울리기를 선호하는데, 유사함이란 공통된 이해관계, 동일한 문화적 규범 등에서 기인한다(Costa and Kahn 2003). 따라서 동질적인 공동체일수록 사회적자본은 더욱 활발히 생성된다는 것이다(Costa and Kahn 2003). 다양성과 사회적자본의 부정적 관계를 뒷받침하는 또 하나의 논리는 바로 갈등 이론(conflict theory)에 기반을 둔다. 다수 집단의 구성원들은 소수 인종 집단들을 외부인 또는 제3자(outsiders)로 간주하고 이들을 희소한 자원을 둘러싸고 경쟁을 해야 하는 위협적인 존재로 여기며, 이러한 태도는 소수 인종 집단에 대한 불신과 불관용을 야기한다는 것이다(Giles and Evans 1985; Bowyer 2009). 따라서 이러한 태도의 형성은 해당 공동체의 사회적자본을 감소시키게 된다.

이들 논의들은 다문화 사회로의 급격한 전환이 우리 사회의 사회적자본을 저해하게 될 것이라는 우려를 낳기에 충분하다. 그러나 다른 한편으로 상반되는 주장을 하는 연구들도 상당히 존재한다는 점에서 다양성과 사회적자본의 관계는 아직도 뜨거운 논쟁의 대상이 되는 이슈라고 할 수 있다. 어떤 연구들은 다양성의 사회적자본에 대한 부정적인 영향력은 과장되었다고 주장하는데, 예를 들어 스톨 외(Stolle et al. 2008)는 다양성이 야기할 수 있는 사회적자본의 감소는 이웃 간의 정기적인 만남에 의해 충분히 상쇄될 수 있다고 보았다. 후게 외(Hooghe et al. 2009) 역시 인종적 다양성은 신뢰에 유의미한 영향력을 행사하지 못한다고 주장하였으며, 후게(Hooghe 2007)는 다양성이 높은 사회는 동질적인 사회와는 다른 형태의 사회적자본을 형성하게 될 것이라고 보았다. 이와 같은 맥락에서 마타와 펜다커(Mata and Pendakur 2014)도 이주자들은 이웃을 잘 돕지 않는 경향성이 이주 초기에는 발견되나 그러한 경향성은 시간이 경과함에 따라 사라진다고 보았다. 따라서 인구 구성의 다양성은 사회적자본에 부정적인 영향을 초래하지 않는다는 주장이다.

우리나라는 어떤 모습을 보일 것인가?

우리나라의 경우 사회적자본과 다양성은 어떠한 관계를 보일까? 만약 다양성이 사회적자본의 감소를 초래한다는 주장에 따른다면, 우리나라에서 인구 구성의 다양성이 높은 지역의 경우 낮은 신뢰 수준, 비활성된 네트워크 활동 등의 특징을 보여야 할 것이다. 알레시나와 페라라(Alesina and Ferrara 2000)는 미국의 각 주별 사회적자본 지수를 제시했는데, 그에 따르면 북부·북서부 지역은 사회적자본 지수가 가장 높고, 남·남동 지역은 가장 낮은 것으로 나타났다. 북·북서부 지역은 인종적으로 동질적인 인구들로 구성되어 있는 반면, 남·남동 지역은 인종적으로 이질적이기 때문이라는 것이다. 또한 사회적자본 순위에서 노스다코타, 유타, 미네소타, 와이오밍, 몬태나가 상위 5위를 차지했는데, 이들 지역은 인구 구성에 있어 동질성이 매우 높은 지역들이다.

저자들의 이러한 주장을 한국적 상황에 적용시켜 보면, 우리나라에서 결혼 이주자 인구 비중이 가장 높은 지역은 안산시 단원구, 서울시 영등포구, 서울시 구로구, 시흥시, 서울시 관악구 순이며, 외국인 노동자 거주 인구가 가장 많은 지역은 서울시 영등포구, 안산시 단원구, 서울시 구로구, 화성시, 서울시 금천구 순으로 나타났다.[1] 그리고 이들 인구학적 다양성이 높은 지역들은 모두 낮은 사회적자본으로 인해 협력과 긍정적인 집단행동이 나타날 가능성이 낮아야 할 것이다. 반대로 다양성이 사회적자본에 미치는 부정적 영향은 유의미하지 않다는 주장들에 따르면, 결혼 이주자 및 외국인 노동자 인구가 집중해 있는 상술한 지역들은 다른 지역들과 비교했을 때 사회적자본에 있어 큰 차이가 없어야 하며, 만약 있다고 하더라도 정기적인 접촉 등의 정책적 처방 및 이주자들의 한국에서의 거주 기간 증가 등에 따라 사회적자본의 차이는 해소될 수 있는 것이라 할 수 있다.

우리나라의 사회적자본 수준은 대체로 부족하거나 OECD 회원국들 평균에 미치는 못하는 것으로 보고되고 있다(하민철·한석태 2013; 한국개발연구원 2007; 홍영란 외 2007). "필요할 때 친구나 친지로부터 도움을 받을 수 있느냐"라는 항목에 있어 OECD 평균이 91%인 반면 한국은 81%

---

1. 출처: 법무부 출입국·외국인정책본부(2012a; 2012b).

로 나타났으며, 하루 평균 자원 봉사 시간에 있어 OECD 평균은 4분인데 비해 한국은 1분을 기록했고, 낯선 사람을 도운 경험은 OECD 평균인 47%에 못 미치는 42%로 나타나(하민철·한석태 2013) 우리 사회의 대인간 신뢰, 네트워크 등 사회적자본의 주요 구성 요소들이 모두 물리적 자본의 수준에 비해 부족한 것으로 나타났다. 인구학적 다양성이 증가하고 있는 상황에서 우리 사회의 사회적자본의 수준이 전반적으로 낮다는 것은 위협 요인이 될 가능성이 있다. 특히나 다양성이 사회적자본의 수준을 더욱 저해한다는 기존 주장들에 따르면 그 가능성은 더욱 커질 것이다.

나가며

사회적자본은 모든 종류의 사회적 관계에서 존재하며 다양한 형태로 나타난다(Rothstein and Stolle 2007; Coleman 1988). 우리나라의 사회적자본이 인구학적 다양성의 증대 속에서 감소할 것인지 아니면 다른 방향성을 보일 것인지는 아직 예단하기 힘들다. 특히나 사회적자본은 특정 국가의 특성, 경제 수준, 종교 등에 따라서 다른 형태를 보일 수 있다는 점(Stolle and Rochon 1998)도 지적되고 있으므로 더욱 신중한 접근이 필요하다. 다만 사회적자본에 대한 논의가 이제까지는 경제적 측면, 또는 정치적 측면에 국한되어 있었다면 이제부터는 이주자 증대라는 우리 사회의 인구학적 변화를 고려하는 새로운 형태의 논의가 필요하다는 점을 강조하고자 한다.

제4부

사회통합과 정치적 관용

12

사회통합과 정치

한의석 · 성신여자대학교

민주화 이후의 한국 사회에서 다양한 집단들의 가치와 이익이 활발히 표출되면서 발생한 충돌과 갈등은 사회통합의 필요에 대한 인식으로 이어졌다. 정부에서도 우리 사회의 통합을 위해 국민대통합연석회의(노무현 정부), 사회통합위원회(이명박 정부), 국민대통합위원회(박근혜 정부)를 설치하였지만 실제 효과에 대해서는 회의적인 평가가 많다. 무엇보다도 각 기관이 제시했던 사회통합의 개념의 모호성과 이에 따른 목표의 추상성, 목적의 정치성 등으로 인해 의미 있는 성과를 거두지 못했다는 비판이다(김인영 2013). 2016년 한국보건사회연구원이 수행한 '사회통합 실태 및 국민 인식 조사'에 따르면, 응답자들은 한국 사회의 사회통합 수준이 10년 전보다 퇴보한 것으로 인식하고 있다(정해식 외 2016, 47-48). 사회통합 정도를 측정하기 위한 세부 지표인 '포용'과 '신뢰'도의 경우에도 10점 만점 중 각각 3.79점과 3.80점을 기록하여 '배려와 포용의 사회'보다는 '차별과 소외가 심한 사회'에 가깝고, '서로 믿고 살아가는 사회'보다는 '서로 믿지 못하고 의심하는 사회'에 가깝다고 평가하였다. 또한 '정규직과 비정규직'의 갈등을 우리 사회의 가장 심각한 갈등 유형으로 응답하였으며, '경영자와 노동자', '가난한 사람과 부유한 사람', '진보와 보수' 순으로 심각한 갈등으로 인식하였다. 주목할 점은 '고령자와 젊은이' 간의 갈등이 심각하다는 응답이 2014년 조사에서는 56.2%였는데, 2016년에는 62.2%로 증가하여 세대 간 갈등에 대한 우려가 더욱 늘어났다는 점이다(정해식 외 2016, 103-105).

사회통합은 무엇을 의미하는가?

먼저 몇몇 학자들의 개념 정의를 통해 사회통합(social integration)의 의미를 살펴보면 다음과 같다. 하버마스(Jurgen Habermas)는 사회통합을 '생활 세계 수준에서 사회 규범, 개인의 정체성, 문화적 의미 등에 대하여 원활하게 의사소통이 이루어지는 상태'로 정의하고 있으며, 기든스(Anthony Giddens)는 '공유하는 시간과 공간상에서 행위자나 집단들 간에 호혜적인 관계가 이루어지는 것'으로 규정하고 있다(이재열 외 2014,

117).[1] 또한 사회통합이란 사회 구성원이 집단에 대해 갖는 결속감과 연대감을 의미하는 것으로, 협의의 사회통합이란 한 사회가 유지되고 재생산되는 데 필요한 사회의 조직 원리에 대해 구성원들이 동의하는 것을 의미한다(김호기 2011, 2–11).

이처럼 사회통합은 광범위하고 다양한 해석이 가능한 용어로서 명확하게 규정하기가 쉽지 않다. 이는 사회통합이 목적과 수단, 결과와 원인이 뒤엉켜 있는 복합적이고 불명확한 개념이기 때문이라는 지적이 있다(이영조 2013, 6). 한편, 사회통합은 대체로 긍정적인 개념이지만 부정적인 측면도 내재되어 있다. 긍정적인 관점에서 본다면 사회통합은 포용적 목표(inclusive goal)로서 모든 사람들에 대한 동등한 기회와 권리를 의미한다. 하지만 부정적인 관점에서는 사람들이 원치 않는 획일성(uniformity)을 부과하는 것을 의미할 수 있기 때문에, 포용(inclusion)의 범위와 수준은 언제나 논쟁거리가 될 수 있다(de Alcàntara 1994). 즉 사회통합을 수행하는 과정에서는 누가 통합의 대상이며 통합의 내용은 무엇인지, 통합의 수준은 어느 정도가 되어야 하는지에 대한 사회적·정치적 합의가 필요하다. 하지만 그 자체로 사회적 논쟁과 갈등의 문제가 될 수 있을 것이다.

앞에서 언급한 사회통합 인식조사 항목들에서 나타나는 바와 같이, 사회통합을 심각한 사회 균열 또는 갈등을 전제로 한 개념으로 단순화하여 이해한다면(한상진 2013, 43), 사회통합은 사회적 균열이나 갈등이

---

1. 사회통합은 사회적 응집(social cohesion), 사회적 포용(social inclusion), 사회자본(social capital), 사회이동(social mobility)으로 구성된 개념이라고 할 수 있는데(김인영 2013, 149), 이는 또 다른 개념상의 모호함을 야기한다.

완화된 상태를 의미한다. 또한 특정 종교나 이민자 집단 등에 대한 배제(exclusion)의 완화를 사회통합이라고 할 수 있다. 결국 실천적인 차원에서 사회통합이란 개인 또는 집단 간의 갈등을 줄이고, 약자와 소수자들을 소외시키지 않는다는 두 가지 의미를 포함한 개념이다.

사회갈등 완화로서의 사회통합

사회갈등은 크게 이익갈등(interest conflict)과 가치갈등(value conflict)으로 나눌 수 있다. 이익갈등이 노사갈등, 지역갈등과 같이 물질적 자원의 배분을 둘러싼 갈등이라면, 가치갈등은 환경갈등, 세대갈등과 같이 문화·이념·종교적 가치관이나 세계관의 차이에서 비롯된 갈등이다(김호기 2011, 8; 조원빈 2016, 213-214). 한편 이익갈등이 상대적으로 조정과 중재, 제도적 방식을 통해 해결하기 쉬운 갈등 양상이라면, 가치갈등은 이를 해소하여 사회통합을 이루기가 쉽지 않은 영역이다. 더욱이 이익갈등과 가치갈등이 중첩적으로 작동하는 경우, 갈등의 해소는 더욱 어려워진다.

사회갈등의 완화를 사회통합의 목표로 규정한다고 해서 사회갈등이 반드시 부정적이라는 것은 아니다. 물론 사회갈등을 조화(harmony)나 평형상태(equilibrium)의 붕괴로 바라볼 수 있으나, 다원적이고 경쟁적인 사회에서 사회갈등의 존재는 불가피할 것이다. 오히려 갈등을 새로운 가치관이나 이해관계의 등장으로 이해한다면 사회의 역동성을 의미하는 긍정적인 요인으로 볼 수도 있다(조원빈 2016, 211). 다만 사회갈등이 일정 수준을 넘어서게 되면 정치·사회적 분쟁과 물리적 충돌로 비화될 수 있으므로 적절한 방법을 통한 사회갈등의 완화 노력이 필수적이라고 할 수 있다. 또한 사회통합의 저하, 즉 사회갈등의 심화는 경제성장이나 민주주의 발전을 지연시킬 수 있다는 점에서 이를 완화하기 위한 방안 모색이 필요하다(Rodrik 1998).

문화적 측면, 사회적 가치의 차원에서 사회갈등의 완화, 사회통합을 위한 요소로 공동체의 가치와 목표에 대한 합의, 다른 것에 대한 관용과 존중 등을 꼽을 수 있는데, 무엇보다 중요한 요인으로 소통과 신뢰가 있다. 소통은 갈등 완화의 출발점이라고 할 수 있는데, 불만을 자유롭게 표현하고 상대방에 대해 서로 이해하는 과정에서 타협과 수용이 가능할 것이다(한상진 2013, 50). 상대에 대한 신뢰와 믿음 또한 사회통합의 필수 조건으로, 특히 공적 제도에 대한 신뢰는 갈등 해결과 관리에 필수적이라고 할 수 있다(조원빈 2016, 230). 이익갈등이나 가치갈등의 조정이 현실적으로 제도적 장치에 의해 가능하다고 한다면, 정치·사법 제도가 민주적 정당성에 근거하여 공정하게 작동하고 있다는 데에 대한 국민들의 절대적 믿음이 사회통합의 기초가 된다. 사회통합을 위한 소통 강화나 신뢰의 형성이 추상적이고 장기적인 목표로서의 측면이 있다면, 갈등 완화를 위한 사회·정치 제도의 신설과 개혁은 상대적으로 단기간에 사회통합을 위한 가시적 성과를 제공할 수 있을 것이다.

한국 사회의 갈등과 사회통합을 위한 정치 제도

현재의 한국 사회가 당면하고 있는 주요 갈등으로 공통적으로 지목되고 있는 것은 지역갈등, 계층갈등, 이념갈등과 세대갈등이다. 지역갈등이란 유권자들의 지역주의 투표 행태, 공직과 자원 배분에 있어서 특정 지역에 편중하는 현상 등을 말한다. 계층갈등이란 경제적 불평등의 심화, 경제적 양극화로 인해 발생하는 갈등이며, 이념갈등은 특히 대북 관계와 한미 관계 등의 안보 문제와 복지 이념을 둘러싼 보수·진보 간의 갈등이다. 세대갈등은 청년 세대와 노인 세대 간의 가치관 차이, 복지 및 일자리 정책을 둘러싼 갈등을 의미한다. 이러한 갈등은 이익갈등과 가치갈등으로 명확하게 구분되기 보다는 복합적으로 발생하기도 한다.

갈등은 주로 경제·사회적 구조와 환경 변화에서 비롯되었다고 할 수 있지만, 내재된 갈등의 분출과 갈등의 수준은 '정치'와 밀접하게 연결되어 있다. 정치는 한 사회의 다양한 구성원들을 포용하여 구성원으로서의 정체성을 갖도록 통합하는 기능도 하지만, 때로는 갈등을 증폭시키는 분열의 정치로 작동하기 때문이다(박찬욱 2013, 62; 72). 특히 우리나라의 경우 정당과 국회로 대표되는 정치권은 갈등의 조정자나 중재자라기보다는 사회갈등을 부추기는 집단으로 인식되고 있다. 한국 사회에서 정치권이 갈등의 촉진자로 기능하는 이유는 정치 권력을 차지하기 위한 대결 구도의 심화에서 비롯된 측면이 있다. 제왕적 대통령제라고 하는 비판에서 보듯이 희소 자원의 독점이라는 측면에서 대통령 중심의 중앙집권적 통치 구조와 권력 독점이 이를 쟁취하기 위한 극단적 경쟁을 야기한다는 지적이다. 이 과정에서 각 정당이나 정치 지도자들은 자신의 권력 기반 강화 수단으로서 갈등을 조장하는 행태를 보여 주고 있다.

그렇다면 정치·행정 영역에 있어서 사회갈등을 완화시키고 사회통합을 강화할 수 있는 제도적 방안은 무엇인가? 다수의 연구자들이 의회제, 비례대표제를 통한 다당제, 지방분권화 개혁 등을 제시하고 있는데, 핵심은 권력의 독점 방지, 즉 권력 분점을 통해 정치로 인한 갈등을 줄일 수 있다는 것이다. 대통령 선거에서의 결선투표제 도입에 대한 논의도 있는데, 정치적 협상의 가능성을 통해 갈등을 완화하는 한편 과반수 득표자의 선출을 통해 정당성(legitimacy)과 대표성을 강화함으로써 정치적 안정과 사회통합에 도움을 준다는 주장이다.

지역 구조 타파를 위해서는 중선거구제의 도입 또는 비례제를 확대하는 방향으로의 선거 제도 개혁, 중복입후보제(석패율제) 논의가 있다. 선거 제도의 개선을 통해 특정 정당의 지역별 독점 현상을 완화하고 다양한 이익을 반영할 수 있을 것이다. 또한 고위직 충원에 있어서 지역 간 안배 또는 적어도 공정한 선발이 가능한 제도적 장치의 마련이 중요하다. 계층갈등이나 세대갈등의 완화를 위해서는 복지 정책과 같은 분배 제도의 개선, 계층 이동성이 개방적인 교육 제도나 일자리 구조 등의 변화가 요구된다. 한편 정부와 공직 사회의 부정부패, 사법부의 불공정한 법 집행은 사회통합의 가장 큰 걸림돌로 지목되고 있다. 더하여 사회적 약자와 증가하는 이민자 집단의 포용을 위한 제도 개선을 모색해야 할 것이다.

지역갈등이나 계층갈등과 같은 다양한 이익갈등이 제도적 장치를 통해 해소할 수 있는 가능성이 상대적으로 높다면, 이념갈등·세대갈등과 같은 가치갈등은 극단적인 대립으로 발전할 가능성이 크다는 점에서 이를 조정하고 중재하는 정당과 정치인의 역할이 더욱 중요하다. 정치 제도의 개선과 함께 사회통합의 달성에 필수적인 소통과 신뢰 강화를 위한 지속적인 노력이 필요할 것이다.

국민의 참여가 민주주의를 살린다

13

한국의 민주주의와 정치적 관용

박지영 · 명지대학교

경기 불황과 양극화 현상의 심화, 계층 및 세대 간 갈등, 기득권에 대한 거부감과 반발, 이에 따른 정치적 불안과 절망, 미래에 대한 불확실성의 증가는 몇몇 국가에만 국한되지 않고 전 세계적인 현상으로 대두되고 있다. 최근에는 경제적·민족적 보수 우경화 바람이 거세게 불면서 이러한 현상들이 국제사회의 화두로 급부상하고 있는 현실이다. 미국의 트럼프 대통령은 취임하자마자 미국 우선주의를 기조로 불법 이민자 추방, 이슬람교도 입국 금지, 난민 배척 등의 강경한 반(反)이민 정책 등을 추진하고 있으며, 프랑스, 네덜란드, 스웨덴에서도 이민자 제한이나 이슬람교도 배척을 주장하는 인종차별적 구호를 외치는 극우 정당의 지지율이 급상승하고 있다. 한국은 1987년 민주화 이후 대의민주주의의 공고화를 위한 지속적인 노력에도 불구하고 여전히 이념적 갈등의 격화, 경제적 빈부 격차의 심화, 사회 집단 간 극단적 대립으로 양극화 양상이 확대되고 있다. 최근에는 국내로 유입되는 외국인 노동자, 조선족, 그리고 탈북자의 숫자가 계속 증가하면서 다른 사회문화적 배경을 가진 '이방인'에 대한 혐오와 위협감이 점차 커지고 있는 실정이다.

이처럼 사회적 갈등이 점차 심하되고 있는 상황에서 갈등을 조정하고 통합하는 정치의 역할이 그 어느 때보다 중요해졌다고 할 수 있지만 그러한 역할을 담당하여야 할 정치 지도자들은 관용과 상생을 추구하기보다 과격한 발언으로 사회적 갈등과 집단 간의 대립을 오히려 증폭시키고 있다. 여당과 야당은 말로만 타협과 협치를 이야기하면서 정치적 견해가 다른 상대방을 배제하여 국회는 걸핏하면 여야 의원 간의 대립으로 인해 파행으로 치닫기 일쑤이며, 적지 않은 사람들은 사회적 약자에 대하여 선정적 언어로 비난하며 사회적 갈등 확산을 야기하고 있다.

이와 같은 현실에서 정치적 다양성을 보장하고 소수자의 권리를 보장하는 '정치적 관용(political tolerance)'이 그 어느 때보다 절실하게 요구되고 있다. 현대 민주주의의 핵심 원칙이라고 할 수 있는 정치적 관용은 비록 자신과 상반되는 의견을 가진 개인 및 집단이라도 그들의 의견은 표현될 수 있다고 받아들이는 포용력, 정치적으로 반대 의견을 표명하는 집단 혹은 혐오하는 집단에 대해서도 정치적 자유와 같은 시민권과 소수자의 권리를 허용하려는 의지, 혹은 정치 성향의 다양성을 인정하는 것뿐만 아니라 서로 다른 종교, 인종, 성별, 문화의 경계를 넘어 그들의 시민권과 자유에 대한 지지로서 정의된다(Gibson and Bingham 1982; Marquart-Pyatt and Paxton 2007; Wilson 1994; Gibson 2007).

특히 우리 사회에서 급속히 늘어나고 있는 이념적 대립, 그리고 서로 다른 집단 사이의 과격한 충돌은 상대방의 의견을 존중하고 포용하는 정치적 관용 수준이 낮다는 점을 단적으로 보여 주는 사례이다(가상준 2015). 정치적 관용은 신뢰, 효능감과 함께 민주주의의 유지를 위해 필요한 요소로 주목받고 있으며, 특히 민주적 절차와 다양성의 안정적 유지(Wang and Chang 2006)를 위해, 그리고 다문화주의와 정치적 이질성으로 인해 발생하는 갈등 해결(Gibson 1992)을 위해 정치적 관용은 그 어느 때보다 필요시되는 사회적 덕목이라 할 수 있겠다.

무엇이 정치적 관용에 영향을 미치는가?

일반적으로 자유민주주의 사회에서 다수결 원칙은 과반의 통치(majority rule)라는 기초 위에서 작동하는 민주적 장치로서 공동체를 유지하고 발전시켜 가기 위한 의사결정 방식이다. 다만 자유민주주의 사회에서 다수의 지배가 정당화되기 위해서는 정치적 소수의 보호가 전제되어야 한다. 민주주의에서 정치적 관용이 요구되는 이유는 민주주의는 인간이 상대적이며 이러한 상대적인 인간의 상호 협력을 통해 보다 올바르고 나은 것에 도달할 수 있다고 하는 믿음에 기초하고 있기 때문이다. 또한 민주주의는 특정인의 주장을 절대시하는 것이 아니라 서로 다름을 바탕으로 더 나은 것을 지향해 가는 과정이다. 그런 점에서 민주주의는 상대방에 대한 인정과 그 주장에 대한 관용을 포함하는 것이다. 따라서 자기와 다른 상대방의 존재를 인정하고 가치의 다양성을 존중할 때 상대방에 대한 정치적 관용은 민주주의를 통해 발현되는 것이다.

그렇다면 사람들의 정치적 관용의 수준은 언제 변하는가? 기존 연구들에 따르면 인지된 위협 수준이 높아질수록 상대적으로 정치적 관용은 감소한다고 한다(Sullivan et al. 1982; Marcus et al. 1995). 비록 그 위협이 자신들의 안위에 직접적 해를 끼치지 않더라도 자신이 속한 집단이나 사회에 위협이 된다고 인식하게 되면 사람들은 그 대상에 대하여 불관용(intolerance)의 행태를 보이는 경향이 있다(Gibson and Gouws 2003; Davis and Silver 2004). 특히 개인의 권위주의적 특성과 경제나 안보 문제와 같은 외부 환경적 요인이 결합되었을 때, 정치적 불관용은 더욱 증폭되어 다른 집단에 대한 무분별한 차별이나 증오 또는 외국인 혐오 등의 형태로 나타나게 되는 것이다(Feldman and Stenner 1997; Feldman 2003; Gibson 2002; Huddy et al. 2005).

한국에서 정치적 관용에 대한 많은 연구는 주로 다른 민주주의 국가들과 비교해 왜 한국의 정치적 관용 수준이 낮은가에 초점을 맞추고 있다. 학자들에 따르면 정치적 관용 수준의 차이는 특정 집단에 대한 호감도와 그 집단의 위협에 대한 인식과 관련이 있음을 보여 준다(윤종빈 외 2009; 유성진 외 2011; 가상준 외 2010; 가상준 2015). 또 다른 연구에 의하면 선거 결과에 따라 승자와 패자 사이의 정치적 관용에 대한 인식의 차이가 존재한다고 한다(조진만 외 2011). 흥미로운 사실은 성인에 대한 민주시민 교육이 정치 정보 수준의 증가에는 커다란 영향을 미치지만 정치적 관용과 같은 민주적 가치에는 아주 미미한 효과만을 보인다는 것이다(Finkel 2002; 2003; Finkel and Ernst 2005). 즉 낯설고 생소한 것을 대하는 방식과 그것에 대한 가치관 형성이 대부분 유년 시기에 형성되기 때문에 비록 성인에 대한 시민 교육이 이뤄진다고 하더라도 기본적으로 개개인에게 내재되어 고착화된 생각과 중심적인 가치관은 거의 변화시킬 수 없다는 것이다. 따라서 우리 사회에서 정치적 관용의 수준을 높이는 한 가지 방안으로 유년 시기부터 민주적 가치에 대한 교육 및 다양한 체험 학습 프로그램을 마련하여 민주주의 구성원으로서 필요한 시민적 자질을 갖출 수 있도록 제도화하는 것이 중요하다.

한국 사회에서 정치적 관용이 주는 함의는 무엇인가?

비록 우리 사회가 비교적 단기간 내에 외형적 민주주의를 성취하였다고 하지만 서로 다름을 인정하고 다양성을 존중하는 본질적 민주주의와는 아직 거리가 있기에 민주주의로의 여정은 여전히 계속되고 있다고 할 수 있다. 사회적 안정과 건전한 민주주의는 다원적 원칙과 정치적 이질성이 유지될 때에야 비로소 가능하며, 그 과정에서 필연적으로 발생할 수도 있을 사회적 갈등과 긴장을 해소하는 데 있어 사회 구성원들의 정치적 관용이 필수적이다(가상준 2016). 그러나 현재 우리 사회는 정치적 견해 및 사회·문화적 환경이 다른 상대방에 대해 이해하고 배려하기보다는 무조건 상대방을 불신하는 소통의 위기가 나타나고 있다. 특히 진보와 보수라는 이념 간 대립, 호남과 영남이라는 지역 간 대립, 부익부 빈익빈이라는 경제적 계층 간 대립, 연령에 따른 세대 간 대립, 그리고 탈북자, 조선족, 외국인 노동자에 대한 차별이 극명하게 나타나고 있으며, 정치적 양극화에 따른 분열과 대립은 오히려 심화되고 있는 상황이다. 최근의 사례만 보더라도 2008년 미국산 소고기 수입반대 촛불집회, 2009년 미디어법 개정을 놓고 벌어진 여야 정쟁과 국회에서의 물리적 충돌, 2010년 천안함 사태로 인한 사회갈등, 2014년 세월호 참사와 촛불시위, 2016년 박근혜-최순실 국정 농단 사태와 촛불시위 및 태극기 집회, 사드 배치 결정으로 인한 반발, 그리고 소녀상 철거를 둘러싼 정부와의 갈등에서 보듯이, 이념과 정파, 혹은 지역에 기반을 둔 대립은 종종 극단적인 형태로 나타나 분열과 갈등의 골을 더욱 깊게 만들었다.

이러한 문제는 본질적으로 역사적이고 구조적인 것으로 60년 이상 지속되어 온 분단 체제로 인해 우리 사회 내부의 이념적 대립이 격화되는 상황으로 발전한 것이며, 경제적으로는 1997년 IMF 외환 위기와 2008년 세계 금융 위기를 겪으면서 나타난 경제적 양극화로 인해 계층 간 갈등이 심화된 것이다(강준만 2011). 게다가 우리 사회는 사회적 갈등을 합리적으로 조정할 규범과 절차를 갖고 있지 않기 때문에 특정 이슈에 대해 대립하는 집단들은 비합리적이고 불관용적 태도와 편향된 의견들을 통해 극단적 반목과 대결을 계속하는 것이다. 따라서 지금 우리에게는 상대방에 대한 관용과 합리성에 기반을 둔 상호 존중과 이해가 절실하다.

'소수'와 '다름'이 존중받는 사회를 위하여

관용과 공존이라는 것은 동서양을 막론하고 이 시대를 살아가는 모든 사람들에게 필요한 가치이다. 프랑스에서는 관용을 '톨레랑스(tolerance)'라고 하는데, 역사적으로 볼 때 톨레랑스는 유럽의 종교 전쟁에서 신의 이름으로 같은 인간을 죽이는 비극에서 탄생한 회개의 눈물이다(홍세화 1995). 톨레랑스의 사전적 정의는 다른 사람이 생각하고 행동하는 방식의 자유 및 다른 사람의 정치적, 종교적 의견의 자유에 대해 존중한다는 뜻이다. 즉 내가 남에게 베푸는 것이 아닌, 서로 다름을 그대로 받아들이라는 역사의 교훈이 바로 톨레랑스인 것이다.

다수의 동의에 기반을 둔 민주주의가 현실적인 최선의 선택이라는 점을 부인할 사람은 그리 많지 않을 것이다. 그러나 우리는 다수의 의견이 자기 나라의 이익만을 중시하는 국수주의나 극단적인 민족주의로 흘러갈 위험 또한 있음을 인지해야 한다. 또한 우리가 진심으로 수호해야 하는 사회적 가치들은 다수의 논리에 의해 침해될 수 없다는 사실에 주목할 필요가 있다. 즉 모든 사람은 자유롭고 행복할 권리가 있으며 법 앞에 평등하다는 사실은 다수의 결정에 의하여 제한되거나 변경되어서는 안 된다.

민주주의란 현실적으로 가능한 최선의 정치 제도이고 그것이 다수의 동의에 기반을 둔 이상 우리는 절대적 진리에 너무 집착하기보다는 다수의 동의를 통해 더욱 정의롭고 평화적인 결론에 이를 수 있도록 힘을 모아야 한다. 또한 다수의 동의는 그 동의에 참가한 사람들이 이성적이고 과학적인 방식으로 의견을 제시했는지 선입견이나 감정에 치우쳐 있는지 등에 따라 매우 다른 성격을 띨 수 있으므로 다수를 구성하는 개인이 누구인지에 대해 관심을 기울여야 한다. 다수의 의견이 진리에 근접하기 위해서는 모든 시민이 자신이 관여하고 있는 대내외의 문제들을 충분히 이해할 수 있는 역량을 쌓아야 하며 권력자들이 보유하고 있는 진리의 권위가 과연 정당한지에 대해서 끊임없는 질문을 던져야 하고, 마지막으로 상대방에 대한 이해와 차이를 존중하는 관용이 그 바탕이 되어야 한다. 이러한 노력에 의해서만 다수의 의견은 정당성을 획득 할 수 있다.

　중국의 고전 『논어』에서 공자는 "군자화이부동, 소인동이불화(君子和而不同, 小人同而不和)"라 하여 '군자는 다름을 인정하고 다른 것들끼리의 조화를 도모하는데, 소인은 다름을 인정하지 못하고 무엇이나 같게 만들거나 혹은 같아지려고 한다'고 하였다. 현재 우리 사회는 혼돈의 가장자리에 놓여 있다. 절망과 희망의 기로에서 우리에게 가장 필요한 것은 이념이나 생각이 다르고 모습이 다르다고 하여 서로를 탓하고 비난하는 것이 아니라, 공자가 말한 것처럼 타자를 인정하는 것, 그것을 통해 서로 다름을 인정하고 문제를 해결하기 위해 평화적인 방법을 추구하는 것이다. 그것이 그 무엇보다도 우리에게 가장 필요한 성숙한 삶의 태도이자 관점이 아닌가 생각해 본다.

14

정치적 관용과 민주주의

: 이상과 현실

유성진 · 이화여자대학교

민주주의는 그 출발에서부터 정치 공동체를 구성하고 있는 개인의 권리와 자유의 보장을 근간으로 한다. 때문에 정치 제도로서 민주주의를 표방하는 국가들은 개인의 권리와 자유를 보장할 수 있는 제도적 장치들을 구비하고 이를 지속적으로 발전시켜 왔다. 그러나 민주주의의 근간에 대한 이러한 인식에도 불구하고 세계 곳곳에서 민주주의의 이행과 공고화가 여전히 중요한 정치 개혁의 과제로 남아 있다는 사실, 그리고 아직도 빈번히 제기되는 민주주의의 쇠퇴에 대한 우려(예를 들면 Zakaria 2003)는 제도적 차원에서의 민주주의가 곧 이의 원활한 작동을 보장하는 것이 아님을 의미한다.

우리나라의 경우에도 민주화 이후 대의제 민주주의를 위한 제도적 장치들을 마련하고 이를 지속적으로 개혁해 왔음에도 불구하고 여전히 민주주의의 공고화에 대한 논의가 제기되고 있다(정진민 2008; 최장집 2010; 박경미 외 2012). 특히, 최근 정치적 불안을 계기로 불거진 사회 집단 간 극단적 대립 양상 등은 우리 사회에서 개인의 권리와 자유의 보장이라는 민주주의의 근간에 대한 합의가 여전히 진행 중임을 보여 준다.

민주주의의 원활한 자동에 있어 개인의 자유와 권리를 보장할 제도적 장치의 구축이 필수조건인 것은 사실이지만 그 자체로 충분조건은 아니다. 민주주의의 제도적 장치들이 그 기능을 다하기 위해서는 그 제도와 원칙에 대한 합의와 함께 제도적 작동의 결과에 대한 공동체 구성원들의 순응이 전제되어야 하며 이는 민주주의에 대한 공동체 구성원들의 인식에 좌우된다. 요컨대, 공동체 구성원들의 민주주의에 대한 인식은 제도적 민주주의의 실질적 작동에 있어서 윤활유와 같은 역할을 하여 민주주의의 안정과 지속에 기여한다.

이러한 민주주의에 대한 구성원들의 인식에 있어서 핵심적인 가치가 '정치적 관용(political tolerance)'이다. 민주주의의 원활한 작동은 구성원들의 자유로운 의사 표현과 민주적 소통을 통한 합의의 도출에 달려 있으며, 이는 무엇보다도 구성원들이 다른 의견을 가진 이들에 대한 존중과 이해, 즉 서로에 대한 관용에 기반을 둘 때에만 가능하기 때문이다.

정치적 관용: 집단에 대한 인식과 다원주의[1]

일반적으로 관용(tolerance)이란 "규칙에 대한 합의(commitment)와 이를 구성원 모두에 공평하게 적용하려는 의지(willingness)"로 정의되며, 정치적 관용이란 "공동체 구성원 모두에게 시민으로서 동등한 권리를 보장하는 것"으로 정의된다(Gibson and Bingham 1982; Lawrence 1976; Mondak and Sanders 2003; Nie et al. 1996; Sniderman et al. 1989; Sullivan et al. 1982).

언뜻 보기에 대단히 자명해 보이지만 현실의 민주주의에서 관용은 여러 가지 정치환경적인 제약에 봉착하기 쉽다. 예를 들어, 민주주의 정치체제를 표방하는 국가에서 사회주의 혹은 공산주의 등 다른 형태의 정치적 공동체를 주창하는 공동체 구성원들의 권리를 어디까지 보장할 것인지는 이들을 바라보는 개인 혹은 집단의 입장에 따라서 차이를 보이기 마련이다. 또한 인종적 차이 혹은 문화적 차이 등 여러 가지 갈등 요인으로 인해 다른 집단 혹은 개인에게 피해를 끼칠 것으로 우려되는 집단의 구성원들에게 시민으로서의 동등한 권리를 보장해야 하느냐 역시 쉽사리 합의하기 어려운 문제이다.

이렇듯 집단 간 혹은 개인 간 차이와 상관없이 동등한 공동체 구성원으로서의 권리 보장을 전제하는 관용은 현실적인 적용에 있어서 어려움을 야기하기 쉽다. 때문에 정치·경제·사회·문화적인 측면에서 구성원 간

---

1. 여기의 내용은 유성진 외(2011)의 내용을 책의 취지에 맞게 수정, 가필한 것임을 밝힌다.

차이로 인해 속성상 다원주의적 성격을 가질 수밖에 없는 민주주의의 핵심적인 딜레마로 인식되어 왔다.

현실에 있어서 민주주의 공동체에서 관용의 정도는 집단 간 인식에 의해 크게 영향을 받는다. 특히 공동체의 구성원들이 차이가 두드러지는 대상 집단에 대해 갖는 인식(perception) 내지는 호감의 정도가 관용의 수준을 결정하는 중요한 매개체로 작동한다. 즉, 구성원으로서의 자유와 권리 인정이라는 민주주의의 속성은 인식의 대상을 얼마나 공동체의 일원으로서 인식하느냐에 달려 있는 것이다.

이와 같은 집단 간 인식과 관용과의 상호작용은 공동체 구성원 대부분들이 일반적인 관용의 원칙에는 쉽사리 합의하지만 집단과 결부된 관용의 특수한 적용에 있어서는 편차를 보이는 현상에서 쉽게 발견된다. 일반적인 원칙으로서 관용과 집단 인식을 수반하는 관용의 구체적인 적용 간의 불일치는 크게 세 가지 이론적인 틀로서 설명되어 왔다.

먼저, 일반 대중들의 정치적 인식 능력에 근거한 설명으로, 공동체 구성원들이 개인 혹은 집단적 차이와 관계없이 타인의 권리를 인정해야 한다는 관용의 기본 원칙을 명확하게 이해하고 있지 못하기 때문에 현실의 적용에서 부조화가 나타난다(McClosky and Brill 1983). 이는 일반 대중들은 정치적 인식 능력이 부족하기 때문에 정치적 현상을 이해할 때 대개의 경우 체계적인 방식으로 일반 원칙을 습득하고 이를 구체적인 상황에 적용하는 것이 아니라 상황에 따라 즉흥적이고 가변적인 반응을 보인다는 주장을 담고 있다.

다음으로 대상 집단에 대해 공동체 구성원들이 갖고 있는 혐오의 정도가 일반적인 원칙으로서 관용의 수용을 압도하는 경향을 들 수 있다 (Brady and Sniderman 1985; Kinder and Sears 1981). 인종주의와 집단 혐오와 같이 대상 집단에 대해 기왕에 축적된 부정적인 인식이 사회 전반에 널리 형성되어 있는 경우, 이 집단에 대한 혐오의 정도가 민주주의의 중요한 가치로서 관용의 원칙보다 선행함으로써 이 집단의 구성원들의 자유와 권리에 대한 불인정으로 이어진다는 것이다.

이상의 설명 방식들은 논지에 차이는 있으나 공통적인 해결책을 시사한다. 즉, 원칙으로서의 관용과 현실의 적용에 있어서의 관용 간의 불일치는 일반 대중의 인식 능력 부족 혹은 편협한 집단 혐오에 근거하고 있기 때문에, 이를 극복하기 위한 방편은 대중들이 민주주의의 핵심 원칙으로서의 관용에 더 높은 가치를 두도록 하는 것이며 그 수단으로서 교육이 강조된다. 문제는 일반 대중들의 교육 수준이 과거에 비해 향상되었음에도 관용의 정도가 이에 비례하여 향상되지 못하고 있다는 점이다.

이러한 문제점에 착안한 세 번째 설명 방식은 민주주의 원칙에 대한 믿음 자체가 오히려 때로는 특정 집단의 구성원에 대한 불관용으로 이어진다는 주장이다(Sullivan et al. 1982). 이에 따르면, 민주주의는 다른 무엇보다도 제도와 원칙에 대한 합의와 결과에 대한 순응을 기반으로 작동하는데, 만일 특정 집단이 이를 위반한다면 그들이 공동체 구성원의 자격으로 갖게 되는 권리들을 박탈되어야 한다. 요컨대, 민주주의라는 상위 원칙이 구성원에 대한 관용보다 우선하기 때문에 양자가 충돌할 경우 상위 원칙에 근거해서 행동해야 한다는 주장이다.

이와 같이 민주주의 공동체에서 일반적인 원칙으로서 자명해 보이는 관용은 현실에 있어서 여러 제약 조건들의 영향을 받으며, 특히 집단에 대한 인식은 그들이 공동체 구성원으로서 마땅히 누려야 할 자유와 권리의 범위와 연동되기 쉽다. 다양한 이해관계를 가진 개인과 집단으로 구성되어 본질적으로 다원주의적 속성을 가질 수밖에 없는 민주주의 정치 공동체에서 관용에 대한 구성원들의 인식은 민주주의의 원활한 작동에 필수불가결한 요소이지만, 실제 적용 과정에서는 난관에 부딪히기 쉬우며 그러한 어려움은 때때로 사회적인 갈등과 불안의 씨앗이 된다. 때문에 관용의 원칙에 대한 일반적인 합의와 함께 집단 간 차이와 갈등에 기반을 둔 부정적인 인식을 완화하려는 노력이 공동체의 안정에 기여할 것임은 자명하다.

한국 사회의 관용과 민주주의

관용에 대한 경험적인 연구를 살펴보면, 한국 사회의 관용의 정도는 높은 수준을 보이고 있지는 않지만 그렇다고 해서 다른 민주주의 국가에 비해 현격히 낮은 수준은 아니다(가상준 2016). 그러나 집단 간 부정적인 인식이 이념적인 성향을 띤 집단들을 중심으로 강하게 형성되어 있고 이들에 대한 관용의 정도가 낮은 점은 우리 사회에서 찾아볼 수 있는 특징적인 모습이다.

우리 사회의 집단 중 집단적인 반감이 큰 사례는 여론조사를 통해 전국민주노동조합총연맹, 전국교직원노동조합, 뉴라이트 등 이념적인 성향을 띤 단체들로 드러났으며 이들에 대한 선호는 다른 어떤 집단에 비해서도 현격히 낮은 수준을 보이고 있다(가상준 2016). 문제는 이들에 대한 부정적인 인식이 집단 간 선호를 넘어서 해당 집단의 구성원에 대해 정치·사회적으로 낮은 수준의 관용으로 이어지고 있다는 것이다. 예컨대, 혐오 집단에 대한 반감이 이들이 공동체 구성원으로서 당연히 누려야 할 정치·사회적 권리의 제약으로 이어지고 있으며 이는 사회적 분쟁과 갈등의 요인으로 작용하고 있다.

보다 심각한 문제는 이념적 집단에 대한 불관용 인식이 다른 사회경제적인 요인들과 중첩되어 있다는 점이다. 예를 들어, 민주노총과 전교조 등 진보적인 성향의 집단에 대한 반감은 50대 이상의 연령층과 보수적인 성향, 그리고 상대적으로 낮은 수준의 소득 수준을 갖고 있는 이들에게서 두드러지고 있다. 반면에 전국경제인연합회, 뉴라이트 등 보수적인 성향의 집단에 대한 반감은 상대적으로 젊은 연령층과 고소득층, 그리고 진보적인 성향을 갖고 있는 이들에게서 특히 높은 것으로 나타났다.

이러한 사실은 우리 사회에서 이념적인 대립이 다른 어떤 요인보다도 심각한 갈등 요인임을 알려 주는 동시에 그러한 갈등의 양상이 연령, 소득 등 다른 사회적 요인들과 결부되어 나타나 그 폭발력을 더하고 있음을 보여 준다. 요컨대 이념 집단을 중심으로 한 집단 간 반감과 혐오는 낮은 수준의 관용으로 이어져 공동체의 안정을 해칠 정도로 위험한 수준을 보이고 있으며 이는 세대 집단과 소득 집단의 차이와 연결되어 그 갈등의 정도를 더하고 있는 것이다.

짧은 기간 동안 압축적인 경제성장과 민주주의의 제도화를 이룩한 한국은 그 과정에서 공정한 경쟁의 규칙 정립과 이에 대한 공동체적 합의가 충분히 도출되지 못하였고, 정치·사회·경제적 소수 집단의 자유의 권리 보장 역시 소극적인 수준에 그치거나 때로는 침해하는 부정적인 모습을 갖고 있는 것이 사실이다. 또한 정치 권력의 획득을 중심으로 강한 승자독식의 모습을 보여 온 나머지 패자에 대한 배려와 포용 역시 부족한 경향을 보여 왔던 것도 사실이다.

한편으로 다행스러운 것은 현재 우리 사회에서 목도되고 있는 이념을 중심으로 한 집단 간 갈등의 정도는 인종주의와 같이 뿌리 깊은 역사적 과정 속에서 형성되었다기보다는 위정자들의 배타적인 정책 결정과 그에 따른 의도적인 편 가르기에 의한 것이라는 점이다. 특히 최근 드러난 일부 정책 결정자들의 전횡과 노골적인 편 가르기는 한국 사회를 크게 분열시킴으로써 사회의 불안정성을 높이고 있다. 이러한 분열 조장의 근본적인 원인이 정치 권력을 중심으로 한 승자독식의 경향에 있고, 그 과정에서 정치적 경쟁을 통한 상대 집단에 대한 위협 인식이 강화됨에 따라 서로에 대한 낮은 관용 수준으로 이어지고 있음은 명확하다. 결국 정치 권력의 승자독식 경향의 완화, 그리고 패자에 대한 배려와 포용이 우리 사회에서 갈등을 완화하고 사회적 안정성을 높이는 데 중요한 출발점인 것이다.

다원주의를 기반으로 하는 민주주의 정치 공동체가 안정적으로 유지되기 위해서는 다른 무엇보다도 관용에 대한 폭넓은 인식과 보장, 즉 공동체 구성원들이 차이에 대한 인정과 서로에 대한 권리 보장을 통해 제도적 민주주의를 뒷받침하는 것이 중요하다. 이는 공동체를 구성하는 개개인의 인식 전환을 넘어서 공정하게 이루어지는 정치적 경쟁, 그리고 경쟁 이후 불거진 정치적 갈등을 완화하고 치유하려는 노력이 지속될 때에 비로소 가능하다. 특히 그간 정책 결정자들이 정치적인 이해에 따라 분열과 갈등을 조장해 온 우리 사회에서는 이들의 변화가 그 출발점이 되어야 할 것이다.

1. 국내 문헌

가상준. 2008. "노무현 대통령에 대한 평가가 2007년 대통령선거에 미친 영향력 분석." 『현대정치연구』 제1권 1호, 33-57.

_____. 2015. "한국사회 정치관용에 대한 연구: 낮은 관용, 깊은 갈등." 『한국정당학회보』 제14권 1호, 129-155.

_____. 2016. "혐오집단에 대한 한국인의 정치관용 및 태도." 『동서연구』 28-3. 125-148.

가상준·윤종빈·유성진. 2010. "한국사회 정치관용과 결정요인에 관한 연구." 『오토피아』 25-3. 273-298.

강우진. 2013. "제18대 대선과 경제투표: 경제성장에 대한 정책선호의 일치의 영향력을 중심으로." 『한국정치학회보』 제47집 5호, 213-233.

강원택. 2004. "한국에서 보궐선거의 특성과 정치적 의미." 『의정연구』 제10권 1호, 145-166.

_____. 2008. "2007년 대통령 선거와 이슈: 회고적 평가 혹은 전망적 기대?" 『의정연구』 제14권 1호, 31-58.

_____. 2012. "왜 회고적 평가가 이뤄지지 않았을까: 2012년 국회의원 선거 분석." 『한국정치학회보』 제46집 4호, 129-147.

강준만 2011. 『한국현대사산책: 2000년대 편』(1권~5권). 서울: 인물과사상사.

고선규. 2013. "사회통합과 선거제도 개혁: 결선투표제의 적용효과." 『동북아연구』 제18집, 23-48.

김민배. 2016. "미국의 주민투표 제도와 쟁점." 『토지공법연구』 제75집, 315-342.

김상준. 2004. "부르디외, 콜만, 퍼트남의 사회적 자본 개념 비판." 『한국사회학』 제38

집 6호, 63-95.

김영기. 2008. "미국과 스위스, 한국의 주민발의제도 비교연구: 직접참여의 최적단계와 핵심요소를 중심으로."『지방행정연구』제22권 제2호, 117-144.

김유경·최현미·김가희·성수미. 2012.『다문화가족의 변화와 사회적 대응방안 연구』. 서울: 한국보건사회연구원.

김인영. 2013. "정부 사회통합 위원회의 한계와 바람직한 사회통합의 방향."『정치·정보연구』. 16권 2호, 145-170.

김정현·장민선·양태건. 2016.『주민소환에 관한 법률 개선방안에 관한 연구』. 세종: 한국법제연구원.

김진하. 2010. "지방선거의 역사적 의미와 6·2 지방선거 분석: 서울시장 선거 사례 분석."『한국정당학회보』제9권 2호, 5-32.

김형준·김도종. 2011. "한국정당 정책연구소 운영 성과분석 및 발전방안 모색."『현대정치연구』제4권 제1호, 5-38.

김호기. 2011. "한국 민주주의의 그늘과 사회통합의 제고: 정치사회학적 시각."『한국과 국제정치』제27권 제2호, 1-24.

박경미·손병권·임성학·전진영. 2012.『한국의 민주주의: 공고화를 넘어 심화로』. 서울: 오름.

박영민. 2013. "한국 정치사회의 균열구조와 사회통합: 인식과 실천과제."『한국동북아논총』. 제67호, 347-366.

박찬욱. 2013. "사회통합의 방향: 한국정치의 과제."『저스티스』제134-2호, 61-93.

법무부 출입국·외국인정책본부. 2012a.『국민의 배우자 지역별 현황(2011년 12월 기준)』.

_____. 2012b.『등록외국인 지역별 현황(2011년 12월 기준)』.

_____. 2014.『2014 출입국 외국인 정책 통계연보』.

서현진·임유진. 2016. "정당 정책연구소의 재정자립 방안에 관한 연구."『미래정치연구』제6권 제1호, 27-46.

소진광. "사회적 자본의 측정지표에 관한 연구."『한국지역개발학회지』제16권 제1호, 89-118.

에이프릴 카터. 조효제 역. 2007.『직접행동』. 서울: 교양인.

유성진·윤종빈·가상준·조진만. 2011. "한국 사회 정치적 관용에 관한 경험적 분석: 혐오집단에 대한 정치사회적 권리의 보장과 제약을 중심으로." 『국가전략』 제17권 2호, 69-90.

윤인진. 2008. "한국적 다문화주의의 전개와 특성." 『한국사회학회』 제42집 2호, 72-103.

윤종빈. 2010. "미국의 주민소환제 연구: 사례분석 및 한국적 시사점." 『분쟁해결연구』 제8권 제2호, 85-109.

윤종빈·조진만·가상준·유성진. 2009. "한국사회 관용의 수준과 혐오집단." 『세계지역구논총』 29집 3호, 161-184.

이내영·안종기. 2013. "제18대 대통령선거와 회고적 투표: 왜 제18대 대통령선거에서 집권정부에 대한 회고적 평가가 중요한 영향을 미치지 못했나?" 『한국정당학회보』 제12권 2호, 5-36.

이숙종·유의정. 2010. "개인의 사회자본이 정치참여에 미치는 영향." 『한국정치학회보』 제44집 제4호, 287-313.

이연호. 2009. 『발전론』. 서울: 연세대학교 출판부.

이영조·민경국·신중섭. 2013. "사회통합 담론의 등장과 함의." 한국경제연구원 국민통합 토론회. 서울. 2월.

이재열·조병희·장덕진·유명순·우명숙·서형준. 2014. "사회통합: 개념과 측정, 국제비교." 『한국사회정책』 제21집 제2호, 113-149.

이현우·이지호·한영빈. 2011. "사회자본(Social Capital) 특성이 지역주의에 미치는 영향: 결속형과 교량형을 중심으로." 『한국정치학회보』 제45집 제2호, 149-171.

장승진. 2012. "제19대 총선의 투표 선택: 정권심판론, 이념 투표, 정서적 태도." 『한국정치학회보』 제46집 52호, 99-120.

_____. 2016. "제20대 총선의 투표선택: 회고적 투표와 세 가지 심판론." 『한국정치학회보』 제50집 4호, 151-169.

장우영. 2017. "2016년 촛불시위 참가자들의 특성과 대선에의 함의." 사이버커뮤니케이션학회 춘계기획세미나.

정진민. 2008. 『한국의 정당정치와 대통령제 민주주의』. 서울: 인간사랑.

정해식·김미곤·여유진·김문길·우선희·김선아. 2016.『사회통합 실태 진단 및 대응 방안 III: 사회통합 국민 인식』. 세종: 한국보건사회연구원.

조원빈. 2016. "정치사회제도에 대한 신뢰와 사회갈등."『정치·정보연구』제19권 1호, 209-242.

조진만. 2005. "민주화 이후 한국 재·보궐선거의 특징과 정치적 의미."『한국정당학회보』제4권 2호, 95-122.

조진만·윤종빈·가상준·유성진. 2011. "승자와 패자의 정치관용에 대한 인식 차이와 그 효과."『한국정치연구』제20집 제2호, 29-51.

조진만·최준영·가상준. 2006. "한국 재·보궐선거의 결정요인 분석."『한국정치학회보』제40집 2호, 75-98.

조희정·강원택. 2010.『디지털 정치조직의 출현과 e-거버넌스의 미래』. 서울: 정보통신정책연구원.

주성수. 2015. "세월호 참사 관련 시민참여와 자원봉사."『시민사회와 NGO』제13권 제1호, 5-38.

최장집. 2010.『민주화 이후의 민주주의』개정2판. 서울: 후마니타스.

최준영·조진만. 2011. "변화하는 국회의원 재·보궐선거: 중앙정치 대 지역정치."『한국정당학회보』제10권 2호, 133-156.

프랜시스 후쿠야마. 구승회 역. 1996.『트러스트: 사회도덕과 번영의 창조』. 서울: 한국경제신문사.

하민철·한석태. 2013. "도시지역의 사회적 자본 수준과 정책수용성 연구."『한국자치행정학보』제27권 제2호, 363-388.

하혜영·이상팔. 2012. "주민소환제도 운영실태와 개선방안." 국회 입법조사처 정책보고서 제22호(2012년 12월 31일).

한국개발연구원. 2007.『한국경제 사회와 사회적 자본』한국개발연구원.

한국정당학회. 2012. "사회통합과 정치제도 개혁과제." 사회통합위원회 연구용역과제.

한상진. 2013. "21세기 한국사회 변동전망과 사회통합의 방향."『저스티스』134-2호, 43-60.

한의석. 2015. "정당 정책연구소 발전방안 모색: 외국의 사례와 한국적 함의."『미래

정치연구』 제5권 제1호, 49-67.

홍세화. 1995. 『나는 빠리의 택시운전사』. 서울: 창작과 비평.

홍영란·현영섭·이남철·강영훈. 2007. "지역별 RHRD 정책여건 분석과 향후 발전 방안." 서울: 한국교육개발원.

황아란. 2012. "제19대 국회의원선거와 투표행태: 긍정적·부정적 정당태도와 회고적·전망적 평가를 중심으로." 『한국과 국제정치』 제28권 4호, 133-159.

황아란. 2013. "2000년대 지방선거의 변화와 지속성: 현직효과와 중앙정치의 영향." 『한국정치학회보』 제47집 5호, 277-295.

〈신문기사〉

연합뉴스. "국내 다문화학생 5만명 돌파…전체학생 1%에 육박" 2013년 8월 4일자.

헤럴드경제. "표류하는 '국회의원 해임법'…與野, 보고도 못 본 척" 2017년 2월 26일자.

2. 국외 문헌

Abramson, Paul R., and Aldrich, John H. 1982. "The Decline of Electoral Paricipation in America." *American Political Science Review*, 76(3): 502-521.

Alesina, A., and La Ferrara, E. 2000. "The Determinants of Trust." NBER Working Paper 621.

_____. 2002. "Who Trusts Others?" *Journal of Public Economics* 85(2): 207-234.

Alesina, A., Baqir, R., and Easterly, W. 1999. "Public Goods and Ethnic Divisions". *The Quarterly Journal of Economics* 114(4): 1243-1284.

Almond, Gabriel A., and Verba, Sidney. 1963. *The Civic Culture: Political Attitudes and Democracy in Five Nations*. Princeton, NJ: Princeton University Press.

Boix, Cartles, and Daniel Posner. 1998. "Social Capital: Explaining its Origins and Effects on Government Performance." *British Journal of Political Science* 28(4): 686-693.

Bourdieu, Pierre. 1986. "The Forms of Capital." in *Handbook of Theory and Research for the Sociology of Eduction*, edited by J. G. Richardson, 241-258.

Westport, CT: Greenwood Press.

Bowyer, Benjamin T. 2009. "The Contextual Determinants of Whites' Racial Attitudes in England." *British Journal of Political Science* 39(3): 559-586.

Brady, Henry, and Paul Sniderman. 1985. "Attitude Attribution: A Group Basis for Political Reasoning." *American Political Science Review* 79: 1061-1078.

Campbell, Angus, Gurin, Gerald, and Miller, W. E. 1954. *The Voter Decides*. Oxford, England: Row, Peterson, and Co.

Chamberlain, Adam. 2012. "A Time-Series Analysis of External Efficacy." *Public Opinion Quarterly* 76 (1): 117-130.

Coleman, James S. 1988. "Social Capital in the Creation of Human Capital." *American Journal of Sociology* 94: S95-S121.

_____. 1990. *Foundations of Social Theory*. Cambridge, MA: Harvard University.

Conway, Margaret M. 2000. *Political Participation in the United States*, 3rd ed. Washington, D.C.: C.Q. Press.

Costa, Dora L., and Matthew E. Kahn 2003. "Civic Engagement and Community Heterogeneity: An Economist's Perspective." *Perspectives on Politics* 1(1): 103-111.

Craig, Stephen C., Richard G. Niemi, and Glenn E. Silver. 1990. "Political Efficacy and Trust: A Report on the NES Pilot Study Items." *Political Behavior* 12(3): 289-314.

Dalton, Russell J. 1996. *Citizen Politics: Public Opinion and Political Parties in Advanced Industrial Democracies*, 2nd ed. Chatham: Chatham House.

Davis, Darren W., and Brian D. Silver. 2004. "Civil Liberties vs. Security in the Context of the Terrorist Attacks on America." *American Journal of Political Science* 48(1): 28-46.

de Alcàntara, Cynthia Hewitt. 1994. Social Integration: Approaches and Issues. UNRISD Briefing Paper No. 1. World Summit for Social Development.

Downs, Anthony. 1957. *An Economic Theory of Democracy*. New York: Harper and Row.

Easton, David. 1965. *A Systems Analysis of Political Life*. New York: John Wiley and Sons.

Eveland, William P., Shah, Dhavan V., and Kwak, Hojin. 2003. "Assessing Causality in the Cognitive Mediation Model A Panel Study of Motivations, Information Processing, and Learning During Campaign 2000." *Communication Research,* 30(4): 359-386.

Feldman, Stanley. 2003. "Enforcing Social Conformity: A Theory Of Authoritarianism." *Political Psychology* 24(1): 41-74.

Feldman, Stanley, and Karen Stenner. 1997. "Perceived Threat And Authoritarianism."*Political Psychology* 18(4): 741-70.

Ferejohn, John A., and Morris P. Fiorina. 1974. "The Paradox of Not Voting: A Decision Theoretic Analysis." *American Political Science Review* 68(2): 525-536.

Fieldhouse, E., and Cutts, D. 2010. "Does Diversity Damage Social Capital? A Comparative Study of Neighbourhood Diversity and Social Capital in the US and Britain." *Canadian Journal of Political Science* 43(2): 289-319.

Finkel, Steven E. 1985. "Reciprocal Effects of Participation and Political Efficacy: A Panel Analysis." *American Journal of Political Science*, 29(4); 891-913.

_____. 2002. "Civic Education and the Mobilization of Political Participation in Developing Democracies." *Journal of Politics* 64(4): 994-1020.

_____. 2003. "Can Democracy Be Taught?" *Journal of Democracy* 14(4): 137-151.

Finkel, Steven E., and H. R. Ernst. 2005. "Civic Education in Post-Apartheid South Africa: Alternative Paths to the Development of Political Knowledge and Democratic Values." *Political Psychology* 26(3): 333-364.

Finkel, Steven E., and Karl-Dieter Opp. 1991. "Party Identification and Participation in Collective Political Action." *Journal of Politics* 53(2): 339-371.

Fiorina, Morris P. 1981. *Retrospective Voting in American National Elections*. New Haven, CT: Yale University Press.

Fukuyama, Francis. 1995. *Trust: The Social Virtues and the Creation of Prosperity*.

New York: The Free Press.

Gerber, Alan, and Donald P. Green. 2000. "The Effects of Canvassing, Telephone Calls, and Direct Mail on Voter Turnout: A Field Experiment." *American Political Science Review* 94(3): 653-663.

Gibson, James. L. 1992. "Alternative Measures Of Political Tolerance: Must Tolerance Be 'Least-Liked'?" *American Journal of Political Science* 36(2): 560-577.

_____. 2002. "Becoming Tolerant? Short-Term Changes In Russian Political Culture." *British Journal of Political Science* 32(2): 309-333.

_____. 2007. "Political Intolerance in the Context of Democratic Theory." In *The Oxford Handbook of Political Behavior*, edited by Russell J. Dalton and Hans-Dieter Klingemann, 323-341. New York: Oxford University Press.

Gibson, James L., and Richard D. Bingham. 1982. "On The Conceptualization And Measurement Of Political Tolerance." *The American Political Science Review* 76(3): 603-620.

Gibson, James L. and Amanda Gouws. 2003. *Overcoming Intolerance in South Africa: Experiments in Democratic Persuasion*. Cambridge: Cambridge University Press.

Giles, M. W., and Evans, A. S. 1985. "External Threat, Perceived Threat and Group Identity." *Social Science Quarterly* 66(1): 50-66.

Glaeser, Edward. L., Davud I. Laibson, José A. Scheinkman, and Christine L. Soutter. 2000. "Measuring Trust." *The Quarterly Journal of Economics* 115(3): 811-846.

Grootaert, Christiaan, Deepa Narayan, Veronica Nyhan Jones, and Michael Woolcock. 2004. *Measuring Social Capital: An Integrated Questionnaire*. Washington, D.C.: The World Bank.

Hall, Peter A. 2002. *Great Britain: The Role of Government and the Distribution of Social Capital*. Oxford: Oxford University Press.

Highton, Benjamin, and Raymond E. Wolfinger. 1998. "Estimating the Effects of the National Voter Registration Act of 1993." *Political Behavior* 20(2): 79-

104.

Hill, Kim Quaile, and Jan E. Leighley. 1992. "The Policy Consequences of Class Bias in State Electorates." *American Journal of Political Science* 36(2): 351-365.

Hooghe, Marc, Tim Reeskens, M., Dietlind Stolle, and Ann Trappers. 2009. "Ethnic Diversity and Generalized Trust in Europe: A Cross-National Multi-Level Study." *Comparative Political Studies* 42(1): 198-223.

Hooghe, M. 2007. Social Capital and Diversity Generalized Trust, Social Cohesion and Regimes of Diversity. *Canadian Journal of Political Science* 40(3): 709-732.

Huddy, Leonie, Stanley Feldman, Charles Taber and Gallya Lahav. 2005. "Threat, Anxiety, and Support of Anti Terrorism Policies." *American Journal of Political Science* 49(3): 610-625.

Jackman, Robert W. 1987. "Political Institutions and Voter Turnout in the Industrial Democracies." *American Journal of Political Science* 81(2): 405-423.

Jottier, Dimi, and Bruno Heyndels. 2012. "Does Social Capital Increase Political Accountability? An Empirical Test for Flemish Municipalities." *Public Choice* 150(3): 731-744.

Key, V. O., Jr. 1950. *Southern Politics: In State and Nation*. New York: Alfred A. Knopf.

Kinder, Donald and David Sears. 1981. "Prejudice and Politics: Symbolic Racism versus Racial Threat to the Good Life." *Journal of Personality and Social Psychology* 40: 414-31.

Krishna, Anirudh. 2002. *Active Social Capital: Tracing the Roots of Developments and Democracy*. New York: Columbia University Press.

Kuhin, Matthew James and Yamamoto, Mashhiro. 2010. "Did Social Media Really Matter? College Students' Use of Online Media and Political Decision Making in the 2008 Election." *Mass Communication and Society* 13(5): 608-630.

Lancee, Bram, and Jaap Dronkers. 2011. "Ethnic, Religious and Economic Diversity in Dutch Neighbourhoods: Explaining Quality of Contact with Neighbours, Trust in the Neighbourhood and Inter-Ethnic Trust." *Journal of Ethnic and Migration Studies* 37(4): 597-618.

Lawrence, David G. 1976. "Procedural Norms and Tolerance: A Reassessment." *The American Political Science Review* 70(1): 80-100.

Lee, Yeonho and Yoojin Lim. 2010. "Governance and Policy Performance in Korea." *Asian Perspective* 34(3): 137-163.

Lewis-Beck, Michael S. 1988. *Economics and Elections: The Major Western Democracies*. Ann Arbor, MI: University of Michigan Press.

Lijphart, Arend. 1997. "Unequal Participation: Democracy's Unresolved Dilemma." *The American Political Science Review* 91(1): 1-14.

Lin, Nan. 2001. *Social Capital: A Theory of Social Structure and Action*. New York, NY: Cambridge University Press.

Madsen, Douglas. 1987. "Political Self-Efficacy Tested." *The American Political Science Review* 81(2): 571-582.

Marcus, George E., John L. Sullivan, Elizabeth Theiss-Morse, and Sandra L. Wood. 1995. *With Malice toward Some: How People Make Civil Liberties Judgments*. New York: Cambridge University Press.

Marquart-Pyatt, Sandra and Pamela Paxton. 2007. "In Principle and in Practice: Learning Political Tolerance in Eastern and Western Europe." *Political Behavior* 29(1): 89-113.

Martin, Paul S. 2003. "Voting's Rewards: Voter Turnout, Attentive Publics, and Congressional Allocation of Federal Money." *American Journal of Political Science* 47(1): 110-127.

Mata, Fernando, and Ravi Pendakur. 2014. "Social Capital, Diversity and Giving or Receiving Help among Neighbours." Social Indicators Research 118(1): 329-347.

McAdam, Doug, and Ronnelle Paulsen. 1993. "Specifying the Relationship between Social Ties and Activism," *American Journal of Sociology* 99(3): 640-667.

McClosky, Herbert. and Alida Brill. 1983. *Dimensions of Tolerance: What Americans Believe about Civil Liberties.* New York: Russell Sage Foundation.

Milbrath, Lester W., and M. L. Goel. 1977. *Political Participation: How and Why Do People Get Involved in Politics?.* Chicago: Rand McNally & Company.

Miller, Warren E., and J. Merrill Shanks. 1996. *The New American Voter.* Cambridge, MA: Harvard University Press.

Miller, Warren E., Miller, Arther H., and Schneider, Edward J. 1980. *American National Election Studies Data Sourcebook: 1952-1978.* Cambridge, MA: Harvard University Press.

Mitchell, Glenn E., and Christopher Wlezien. 1995. "The Impact of Legal Constraints on Voter Registration, Turnout, and the Composition of the American Electorate." *Political Behavior* 17(2): 179-202.

Mondak, Jeffery J., and Mitchell S. Sanders. 2003. "Tolerance and Intolerance, 1976-1998." *American Journal of Political Science* 47: 492-502.

Narayan, Deepa. 1999. "Bonds and Bridges: Social Capital and Poverty." Policy Research Working Paper 2167.

Nie, Norman H., Jane Junn, and Kenneth Stehlik-Barry. 1996. *Education and Democratic Citizenship in America.* Chicago: University of Chicago Press.

Niemi, Richard G., Stephen C. Craig, and Franco Mattei. 1991. "Measuring Internal Political Efficacy in the 1988 National Election Study." *The American Political Science Review* 85(4): 1407-1413.

Norris, Pippa, ed. 1999. *Critical Citizens: Global Support for Democratic Government.* Oxford: Oxford University Press.

Pateman, Carole. 1970. *Participation and Democratic Theory.* Cambridge: Cambridge University Press.

Paxton, Pamela. 2002. "Social Capital and Democracy: An Interdependent Relationship." *American Sociological Review* 67(2): 254-277.

Portes, Alejandro. 1998. "Social Capital: Its Origins and Applications in Modern Sociology." *Annual Review of Sociology* 24: 1-24.

Powell, G. Bingham Jr. 2000. *Elections as Instruments of Democracy: Majoritarian and Proportional Visions*. New Haven: Yale University Press.

Powell, G. Bringham, Jr. 1986. "American Voter Turnout in Comparative Perspective." *The American Political Science Review* 80(1): 17-43.

Putnam, Robert D. 1993. *Making Democracy Work: Civic Traditions in Modern Italy*. Princeton, NJ: Princeton University Press.

_____. 1995. "Bowling Alone: American's Declining Social Capital." *Journal of Democracy* 6 (1): 65-78.

_____. 2000. *Bowling Alone: The Collapse and Revival of American Community*. New York, NY: Simon & Schuster Paperbacks.

_____. 2007. "E Pluribus Unum: Diversity and Community in the Twenty-First Century: The 2006 Johan Skytte Prize Lecture." *Scandinavian Political Studies* 30(2): 137-174.

Reimer, Bill, Tara Lyons, Nelson Ferguson, and Geraldina Polanco. 2008. "Social Capital as Social Relations: The Contribution of Normative Structures." *Sociological Review* 56(2): 256-274.

Riker, William H. and Peter C. Ordeshook. 1968. "A Theory of the Calculus Voting." *The American Political Science Review* 62(1): 25-42.

_____. 1973. *An Introduction to Positive Political Theory*. New York: Prentice Hall.

Rodrik, Dani. 1998. "Globalization, Social Conflict and Economic Growth." *The World Economy* 21(2): 143-158.

Rosenstone, Steven J., and John Mark Hansen. 1993. *Mobilization, Participation, and Democracy in America*. New York: Macmillan Publishing Company.

Rothstein, Bo, and Dietlind Stolle. 2007. "The Quality of Government and Social Capital: A Theory of Political Institutions and Generalized Trust." QoG Working Paper Series.

Schultz, Theodore W. 1961. "Investment in Human Capital." *The American Eco-*

nomic Review 51(1), 1-17.

Sniderman, Paul M., Philip E. Tetlock, James M. Glaser, Donald P. Green, and Michael Hunt. 1989. "Principled Tolerance and the American Mass Public." *British Journal of Political Science* 19(1): 25-45.

Stolle, Dietlind, and Thomas R. Rochon. 1998. "Are all Associations Alike? Member Diversity, Associational Type, and the Creation of Social Capital." *American Behavioral Scientist* 42(1): 47-65

Stolle, Dietlind, Stuart Soroka, and Richard Johnston. 2008. "When Does Diversity Erode Trust? Neighborhood Diversity, Interpersonal Trust and the Mediating Effect of Social Interactions." *Political Studies* 56(1): 57-75.

Sullivan, John L., James E. Piereson, and George E. Marcus. 1982. *Political Tolerance and American Democracy.* Chicago: University of Chicago Press.

Teixeira, Ruy A. 1987. *Why Americans Don't Vote: Turnout Decline in the United States, 1960-1984.* New York: Greenwood.

Tocqueville, Alexis de. 2000. *Democracy in America.* Chicago: University of Chicago Press.

Tufte, Edward R. 1978. *Political Control of the Economy.* Princeton, NJ: Princeton University Press.

Valentino, Nicholas A., Krysha Gregorowicz, and Eric W. Groenendyk. 2009. "Efficacy, Emotions, and the Habit of Participation." *Political Behavior* 31(3): 307-330.

Verba, Sidney. 1995. "The Citizen as Respondent: Sample Surveys and American Democracy." *The American Political Science Review* 90(1): 1-7.

Verba, Sidney, and Norman Nie. 1972. *Participation in American.* New York: Harper and Row.

Verba, Sidney, Kay Lehman Scholozman, and Henry E. Brady. 1995. *Voice and Equality: Civic Voluntarism in American Politics.* Cambridge, MA: Harvard University Press.

Wang, T. Y., and Andy G. Chang. 2006. "External Threats and Political Tolerance in Taiwan." *Political Research Quarterly* 59(3): 377-388.

Wattenberg, Martin P. 1997. "The Crisis of Electoral Politics." *The Atlantic Monthly* 282(4): 42-26.

Wilson, Thomas C. 1994. "Trends in Tolerance toward Rightist and Leftist Groups, 1976-1988: Effects of Attitude Change and Cohort Succession." *Public Opinion Quarterly* 58(4):539-556.

Wolfinger, Raymond E. and Steven J. Rosenstone. 1980. *Who Votes?*. New Haven, CT: Yale University Press.

Zakaria, Fareed. 2003. *The Future of Freedom: Illiberal Democracy at Home and Abroad*. New York: W.W. Norton & Company.

3. 웹사이트

중앙선거관리위원회 홈페이지 www.nec.go.kr

이 책을 기획하고 집필한 정치학자들

윤종빈

현 | 명지대학교 정치외교학과 교수

현 | 미래정치연구소 소장

현 | 재단법인 한국의회발전연구회 상임이사

• 저서 및 논문

『정당이 살아야 민주주의가 산다』(공저)(푸른길 2015), "한국 유권자의 정치신뢰와 정당일체감"(공저)(『한국정당학회보』 2015), "한국 정당의 유권자 연계 수준과 정당 정치 만족도"(공저)(『한국정당학회보』 2014), 『새로운 행정부의 대내외 과제와 전망: 변화와 지속』(공저)(푸른길 2013), 『2012대통령선거 구조와 쟁점』(공저)(도서출판 오름 2013)

이한수

현 | 아주대학교 정치외교학과 조교수

전 | 경북대학교 사회과학연구원 전임연구원

전 | 경희대학교 인류사회재건연구원 학술연구교수

• 저서 및 논문

"Legislative Response to Constituents' Interests in New Democracies: The 18th National Assembly and Income Inequality in Korea"(공저)(Government and Opposition 2016), "TV Debates and Vote Choice in the 2012 Korean Presidential Election: Does Viewing TV Debates Activate Partisan Voting?" (Korea Observer 2016), "Televised Presidential Debates and Learning in the 2012 Korean Presidential Election: Does Political Knowledge Condition Information Acquisition?"(공저)(International Journal of Communication 2015)

박경미

현 | 전북대학교 정치외교학과 조교수

전 | 경남대학교 극동문제연구소 객원연구위원

전 | 서강대학교 현대정치연구소 전임연구원

전 | 한양대학교 제3섹터연구소 연구교수

• 저서 및 논문

"정당의 정치사회화 기능에 관한 탐색적 연구: 동·서독 출신의 정당일체감과 정치적 태도"(『한국과 국제정치』 2016), 『정당이 살아야 민주주의가 산다』(공저)(푸른길 2015), "지역발전 격차론과 지역투표에 관한 탐색적 연구: 1988~2012년 총선의 선거구별 집합자료 분석"(『한국과 국제정치』 2015), "Media Use Preference: The Mediating Role of Communication on Political Engagement"(공저)(Journal of Pacific Rim Psychology 2015)

한정훈

현 | 서울대학교 국제대학원 조교수

전 | 숭실대학교 정치외교학과 조교수

• 저서 및 논문

"한국유권자의 이념성향: 통일의 필요성 인식에 미치는 효과에 관한 사례분석"(『한국정치학회보』 2016), "유럽의회 선거의 지지정당 결정과 범유럽적 요인: 영국의 사례를 중심으로"(『한국정치학회보』 2015), 『정당이 살아야 민주주의가 산다』(공저)(푸른길 2015), "Party Politics and the Power to Report: Informational Efficiency in Bicameralism"(Journal of European Public Policy 2014)

이재묵

현 | 한국외국어대학교 정치외교학과 조교수

현 | 한국정당학회 연구이사

• 저서 및 논문

『미국정치와 동아시아 외교정책』(공저)(경희대학교출판문화원 2017), "유권자의 계급배반과 정치지식"(공저)(『한국정치학회보』 2017), "국회의원 선출유형에 따른 입법활동 차이 분석: 제19대 국회를 중심으로"(공저)(『한국정당학회보』 2017)

이정진

현 | 국회입법조사처 입법조사연구관

현 | 한국정당학회 부회장

전 | 한국선거학회 연구이사

• 저서 및 논문

"개방형 경선과 여성대표성: 제도적 고찰과 미국 사례를 통해"(공저)(『정치·정보연구』 2015), "지방선거와 여성정치참여, 그리고 매니페스토"(『의정논총』 2014), 『정당과 정당체계의 변화: 접근과 해석』(공저)(오름 2011), "지구당 폐지를 둘러싼 담론구조와 법 개정 논의"(『한국정치외교사논총』 2010)

조원빈

현 | 성균관대학교 정치외교학과 부교수

현 | 한국정당학회 연구이사

전 | 미국 켄터키대학교 정치학과 조교수

• 저서 및 논문

"아프리카 정당체제 제도화와 민주주의"(『국제정치논총』 2016), "정치사회제도에 대한 신뢰와 사회갈등"(『정치·정보연구』 2016), 『현대 동아시아 국가의 형성과 발전』(공저)(대한민국역사박물관 2016), "Looking Toward the Future: Alternations in Power and Popular Perspectives on Democratic Durability in Africa"(공저)(Comparative Political Studies 2014)

조진만

현 | 덕성여자대학교 정치외교학과 조교수

현 | 중앙선거여론조사심의위원회 위원

현 | 경제정의실천시민연합 정치개혁위원회 위원장

• 저서 및 논문

"유권자의 선거품질에 대한 인식과 선거관리위원회에 대한 평가"(『한국정당학회보』 2015), 『견제와 균형: 인사청문회의 현재와 미래를 말하다』(공저)(써네스트 2013), "선거와 민주주의에 대한 만족: 과정과 결과"(공저)(『한국정치학회보』 2013), "민주화 이후 한국 재·보궐선거의 투표율 결정요인 분석"(『한국정당학회보』 2009)

장승진

현 | 국민대학교 정치외교학과 부교수

현 | 워싱턴대학교 방문학자

• 저서 및 논문

『불평등과 재분배의 정치학: 한국, 미국, 그리고 유럽』(공저)(오름 2017), "제20대 총선의 투표선택: 회고적 투표와 세 가지 심판론"(『한국정치학회보』 2016), "체제 전환 이후 공산당 계승정당에 대한 지지: 동유럽 비세그라드(Visegrád) 4국 사례를 중심으로"(『현대정치연구』 2016), "National Identity in a Divided Nation: South Koreans' Attitudes toward North Korean Defectors and the Reunification of Two Koreas"(공저)(International Journal of Intercultural Relations 2016), 『정당이 살아야 민주주의가 산다』(공저)(푸른길 2015)

정수현

현 | 명지대학교 미래정치연구소 전임연구원

현 | 숭실대학교 정치외교학과 초빙교수

• 저서 및 논문

"교토의정서와 국내정치적 요인이 EU 회원국들의 온실가스 배출에 미친 영향력 분석"(『세계지역연구논총』 2016), "규제의 확대와 통제: 미국 연방정부 규제의 변천과정과 규제심사에 관한 연구"(『동서연구』 2015), "유권자의 정치이념과 정당일체감이 환경의식에 미치는 영향력"(『의정연구』 2015)

임유진

현 | 경희대학교 미래사회통합연구센터 연구교수

전 | 연세대학교 연세-SERI EU센터 박사후연구원

• 저서 및 논문

"유럽선진민주주의의경제적불평등과복지국가"(『동서연구』 2016), "AnExploratoryAnalysisofthePoliticalEconomyofInequalityandRedistributionin Advanced-Democracies"(Korean Journal of International Studies 2016), "정당정치와한국복지정치의전환:국회회의록분석을통한2007년국민연금개혁의정치과정"(『한국정당학회보』 2015)

정회옥

현 | 명지대학교 정치외교학과 교수

현 | 미래정치연구소 부소장

현 | 한국정치학회 연구이사

• 저서 및 논문

『정당이 살아야 민주주의가 산다』(공저)(푸른길 2015) "Religious involvement and group identification: The case of Hispanics in the United States"(The Social Science Journal 2014), "한국인의 정당지지와 이민에 대한 태도"(공저)(『한국사회』 2014), "Minority Policies and Political Participation Among Latinos: Exploring Latinos' Response to Substantive Representation"(Social Science Quarterly 2013)

한의석

현 | 성신여자대학교 정치외교학과 조교수

현 | 성신여자대학교 동아시아연구소 소장

• 저서 및 논문

"정치의 세습화와 일본의 세습의원"(『일본연구』 2016), 『정당이 살아야 민주주의가 산다』(공저)(푸른길 2015), 『현대 일본의 이해』(공역)(명인문화사 2015), "일본정치의 변화와 정당−유권자 연계"(『한국정치학회보』 2014)

박지영

현 | 명지대학교 미래정치연구소 연구교수

• 저서 및 논문

"민주주의의 두 얼굴: 왜 대중은 선거에서 잘못된 선택을 하는가?"(『의정연구』 2017), "Homo Civicus vs. Homo Politicus: Why Some People Vote But Not Others"(『미래정치연구』 2017), "Policy Popularity: The Arizona Immigration Law"(Electoral Studies 2016)

유성진

현 | 이화여자대학교 스크랜튼학부 부교수

전 | 한국정당학회 총무이사

• 저서 및 논문

『미국의 대외정책과 동아시아정책』(공저)(경희대학교출판문화원 2017), "동성결혼 합법화는 어떻게 가능하였는가?: 여론과 정당정치 그리고 연방주의"(『한국과 국제 정치』 2015), 『정당이 살아야 민주주의가 산다』(공저)(푸른길 2015), "정치신뢰와 풀뿌리유권자운동: 티파티운동의 사례를 중심으로"(『미국학논집』 2013)